茶禪一味

禪與飲茶的藝術，安然度日的哲學

The One Taste of Truth

Zen and the Art of Drinking Tea

William Scott Wilson

威廉・史考特・威爾森——著

傅彥瑤——譯

獻給我的妻子埃米莉

那是很值得的，花費那些少年的歲月、那些值得珍惜的光陰，來學會一種古代文字，即使只學會幾個字，卻是從街頭巷尾的瑣碎平凡之中提煉出來的語言，是永久的暗示，具有永恒的力量。有的老農聽到一些拉丁語警句，記在心上，時常說起，這並非毫無用處。有些人說過，對古典作品的研究最後會讓位給更現代化、更實用的研究；但是，有進取心的學生還是會研究古典作品，不論那是以何種文字寫成，也不論那有多古老——因為，古典作品若不是人類思想最崇高的紀錄，又會是什麼呢？

——亨利・大衛・梭羅

目次

第二章　無心

第五章　看腳下

第八章　山是山，水是水

第十三章　知足

第十四章　簡單生活

茶道之中，重中之重，除卻掛軸，別無他物。掛軸在，則客、主共參茶道三昧，共步一心之道。掛軸各色，以墨跡為佳。客、主共尊其字，而賞筆者、道人、祖師之德也……賞筆者之技與佛、祖之語相得益彰者尤佳。

——《南方錄》

前言

八月末，日本西南部仍帶著暑氣。儘管如此，大地上秋草初生，秋日的花朵已開始絢麗綻放。杖朝之年的細川忠興望著熊本的天空，察覺到涼秋將至。忠興是細川家族的第三代大名[1]。這位受人愛戴的主君有著敏銳的政治意識，同時也以漆器藝術家和茶人的身分聞名。忠興的城堡內有一間茅草搭建的小茶室。這天早上，他邀請了兩位客人來喝茶，一位是年輕的禪師，另一位是深諳美術與雕刻之道的著名武士。忠興前一天晚上打掃了露地中的飛石[2]。現在，他注意到飛石上有些許樹葉和松

1 大名，在日本室町幕府時期、安土桃山時代、江戶幕府時期的封建武裝領主。

2 露地，日本茶室的庭院。飛石，庭院中所鋪的各式石頭。

針散落，更添了幾分愜意和自然氣息。

兩位賓客同時來到，他們俯身鑽過一道矮門，進入茶室。這對武士來說並不簡單，因為他比大多數日本人來得高，儘管年過半百，身子有些單薄，但仍筋骨強健，肩膀寬闊。茶室內部十分侷促，只見幾件茶具和一只茶碗，爐上放著一把鐵壺，壁龕處掛有一幅卷軸，素燒的花瓶裡插滿淡紫色的茶花。

細川忠興，號三齋，他用黑樂茶碗[3]送上一碗苦澀的濃茶。大家並不苛求茶禮，茶席間對話輕快，有時還揶揄打趣。武士這輩子大部分時間穿梭於鄉間，他說，今年還沒聽見「金琵琶」——一種活躍於夏末、叫聲響亮的蟋蟀——的鳴聲。他乘興吟出《古今和歌集》[4]當中的一首，這首和歌是在描寫迷失於秋野、棲身於蟋蟀鳴處的心境[a]。禪師聽後說出一段軼事：某日，他和武士在城郊的巨石上打坐，一條蛇爬過他的大腿，蛇猶豫了一下，隨後爬向武士。儘管主客之間有身分和地位的差距，但在茶室裡似乎不存在人與人的分別。

大家的目光偶或掃過壁龕，在掛軸處稍作停留。這是一幅裱好的書法，寫者是一休禪師，這位超凡的禪師距忠興的時代已有一個半世紀之遠。掛軸上的漢字寫著「諸惡莫作，衆善奉行」，引自佛陀弟子阿難尊者所誦的《七佛通戒偈》。此偈還有下半句：「自淨其意，是諸佛教。」此語點亮了他們的思想，啓發了他們的談話，三人似乎正與佛祖、阿難尊者和一休共飲[b]。

•

中國自唐朝起，茶道與禪宗就有著密不可分的關係。而在日本，二者的連結則始於鎌倉時代（1185—1333）。眞正意義上的中國禪宗是從六祖惠能[5]的時代開始的，

3 樂燒茶碗的一種，手捏成型，低溫燒製，因而手感厚重柔和，特別適用於抹茶。
4 編於日本平安時代（十世紀初）的詩選。
5 即曹溪惠能大師（638—713），對中國佛教及禪宗的弘化影響深遠。

比士大夫陸羽在八世紀寫下《茶經》早了幾十年。飲茶很快就在禪僧之間普及開來，原因有二：一是茶的提神功效；二是由茶發展而出的儀式性聚會創造出了質樸、正念和審美的體驗。中國早在唐朝之前就有茶。據禪宗所傳，茶是由禪師菩提達摩[6]從印度帶入中國的。另有說法是由於達摩在打坐時睡著了，於是扯下自己的眼皮扔在地上，而眼皮落地處便長出了茶樹。茶有一個更早的起源傳說來自道教：公元前五世紀，老子出關時，函谷關的「關令」尹喜為老子獻上一碗茶，並要求他寫下《道德經》。

據說，茶傳入日本是在八一四年，到中國學習密宗的日本僧人空海[7]回國時，把茶葉帶了回去。不過，日本茶道真正開始是在榮西[8]的時代。榮西將禪法從中國帶回日本，同時也帶回了茶種，很可能還帶回一整株茶樹。當然，他也一併將他在中國禪寺學到的茶的做法和習俗帶回了日本。榮西大力推廣喝茶，並寫下短小精悍的《喫茶養生記》，使得喝茶在日本更為普及。而十五世紀初，茶道因為禪僧村田珠光[9]，又更進一步發展，成為貴族、武士，甚至平民的一項活動。「禪茶一味」的理念便是由珠光悟出的。

茶能驅逐坐禪時悄然而至的睡魔，而茶道則包含了修禪與坐禪所要求的正念、寧靜與質樸。或許對禪與飲茶來說，最重要的是讓人意識到每個瞬間都是獨一無二的，都該受到重視和細細品味。因此，習禪與習茶的軌跡相似，而且往往也重疊。應該注意的是，除了專業茶人，武家、公家、市民、農民當中也都有人在這兩個領域鑽研。

就在禪與飲茶的方式在中國和日本不斷進化之際，一種經典的文學形式也逐漸形成。它可以是禪宗故事裡的詩句、短語或片段，也可以僅僅是蘊含某種觀念、精

6 簡稱達摩，南北朝時期的禪僧，生於印度，通徹大乘佛法。
7 空海（774—835），日本真言宗的開山祖。
8 榮西（1141—1215），日本臨濟宗的初祖，曾兩度到中國（宋朝）求法。
9 村田珠光（1423—1502），室町時代中期的僧人及茶人，「侘茶」的創始人。

神境界或是宗教哲理的漢字。掛於禪寺或茶室「床の間」的掛軸上可能只有一個字，也可能有一整首五十字的詩，但它們都道出沉思的要點，為飲茶或坐禪創造出合適的氛圍。其中最經典的禪語深植在中、日、韓的文化當中，就好比《欽定版聖經》[10]深植於西方文化裡。這些禪語就在亞洲人生活當中，在武術館、傳統日本料理店、普通人家的壁龕，以及許多地方都能見到它們的身影。

日本人日常中常用的禪語有上千句，本書收錄了日語稱為「一行物」[11]的百餘句。很多一行物都是從較長的篇章中節選出來的片段，不過，有文化素養的日本人一讀就懂，而且瞭解箇中典故，就像西方人一看到「耶和華是我的牧者」就能接上下句。這些隱晦的片段是禪的本質，也是東方文化不可或缺的部分。的確，這就是——

禪宗中所說的「奏無弦琴」[12]。其祕訣在於懂得用「空」平衡形式，尤其是懂得何時點到為止[c]。

本書並不想用對「一行物」的解釋和分析來難為讀者，而是旨在打開讀者的思路，讓大家輕鬆而自由地思考掛軸上的文字所表達的情感及思想。儘管如此，因為大多數人可能不熟悉這些內容，也不瞭解這些禪語表達的觀念，所以我盡可能給出這些禪語的出處和上下文。我希望以此對掛軸——千利休所謂茶道中最重要的道具——進行簡短的彙編。

•

10 此版本的聖經是英王詹姆斯一世（1566—1625）下令翻譯，故稱「欽定版」。

11 指僅寫有一行禪語的字軸。

12 出自陶淵明彈無弦琴的典故。《晉書．隱逸傳》中說，陶淵明性不解音，但有素琴一張，這把琴既無弦也無徽，每當和朋友共飲同歡時，便會彈琴附和，曰：「但識琴中趣，何勞弦上聲！」

我想感謝我的前編輯貝瑞・蘭切特，感謝他的指點和耐心，以及與我分享他對茶的品味。我想感謝我的現任編輯——香巴拉出版社的貝絲・弗蘭克爾和約翰・格萊畢維基，感謝他們的付出與耐心。我想感謝佛羅里達國際大學的久保田雅子、森上博物館的韋爾基科・杜金，還有我的朋友市川隆，感謝他們提供專業的意見和資料。我想感謝我的朋友湯姆・列維季奧蒂斯、凱特・巴恩斯、吉姆・巴爾內斯、加里・哈斯金斯、傑克・惠斯勒、約翰・西斯科、賈斯廷・紐曼和丹尼爾・梅德韋多夫，感謝他們的支持和不斷的鼓勵。我想感謝我的妻子埃米莉，感謝她在我寫作時給予寶貴意見。我想感謝我的兩位教授理查德・麥金農和平賀延，我深深感受到他們的善良和體貼。

本書中出現的任何錯誤都歸咎於我本人。

威廉・史考特・威爾森

引言

《維摩詰經》是大乘佛經裡最著名的經書之一，尤其受到禪宗推崇。這部經書的主角維摩詰是一名富翁，他患了病，在一間只有一張窄床的小房間裡休養。隨著故事展開，八千菩薩、五百聲聞、百千天人都決定造訪維摩詰，一探究竟。在維摩詰的房間裡，眾人都覺得奇跡般地舒適自在，自覺聆聽醍醐灌頂的教誨。

進行茶事活動的房間常被喻為「維摩詰之室」。茶室往往只有三平方米大小，可能是家中或餐廳裡一個專門的房間，也可能是庭院中獨立的一間。庭院裡綠樹環繞，不規則的飛石鋪出一條通幽小徑，或許還有一盞長著青苔的石燈籠。這條小路，包括整個庭院，叫作「露地」。此「露」雖可作「露水」解釋，卻也意為「表露」，因為行走在這條小路，我們應當展現最質樸和謙卑的一面，才能觸及這個空間的本質。

一旦穿過矮門，就會發現，茶室裡最引人注意的就是幾乎空無一物。當然，茶室裡會有燒炭的地爐——鑲嵌在榻榻米裡，一個燒水的茶釜置於其上，一個陶製的茶碗，還有其他極少的茶具——盛茶的茶棗、舀茶的茶勺、舀熱水的柄勺，還有一個陶質容器盛有涼水，用於清洗茶碗等等。水、火、土、木，飲茶的基本元素在此已備齊。

空蕩蕩的室內還有一處十分引人注意——「床の間」。這是嵌於牆內、向外延伸的壁龕空間，據說源自十三、十四世紀佛寺裡用於擺放祭品、佛教繪畫或鮮花的一種結構。茶室「床の間」裡的字軸所書乃禪師之語，在微弱、間接的光線下，為來訪者營造好氛圍。

茶

茶之本質乃儉。

——陸羽

在中國傳說中，公元前二七三七年，一個怡人的午後，神農[a]在一棵樹下歇息。他當時已發明出刀耕火種和針灸術，但雄心壯志——他頭上的兩隻角便是證明——促使他不斷努力。當時神農正致力於撰寫一本醫書[b]，其中囊括動植物、礦物等不同種類的藥物，多達三百六十五種。他面前燒著熱水，幾片枯葉飄入水中。水變為賞心悅目的琥珀色，敢嘗百草的神農喝了一口，發現這略帶苦味的飲料令人精力充沛、神清氣爽，於是沉思著全部喝了下去。這就是世上的第一杯茶。

神農發明了中醫藥，對茶的藥用功效和保健功效甚感興趣。他多次親自試藥，最後認定茶能治療雙目無神、頭痛和緩解疲勞。不過，人們對茶的嘗試並未就此打住。今天，茶簡直能包治百病：老年痴呆、宿醉、傷寒、帶狀疱疹、動脈硬化、心絞痛、壞血病、牛皮癬、腸炎、膽固醇高、肥胖、便秘、放射病……這些不過是當中幾個例子[c]。不過，神農的第一感覺——茶能振奮身心——確實讓茶流芳千年。

這些樹葉來自山茶樹，也叫茶樹，是一種常青樹，通常高達三至三點五公尺[d]，葉子呈悅目的深綠色，邊緣略帶鋸齒狀；深秋開單瓣白花，帶明黃色花蕊[e]。神農走遍大半個中國尋找草藥，據推測，讓人精神為之一振的茶是在中國西南部發現的，大約就在現今西藏、印度東北部和緬甸北部交界處。這一帶是山地，多為亞熱帶氣候，常年濕潤，氣溫很少持續低於零度，植物種類繁多。最初生活於此的是藏族人、緬族人和山地部落民。這些人稱這裡雲霧繚繞的奇山異峰為「雲南」，也就是「彩雲之南」。這是迄今人們發現茶樹最早生長的地方。

隨著茶在世上流行，現在已有四十多個國家或地區栽培茶樹，包括中國和台灣、日本、印度、斯里蘭卡、越南、泰國、印尼、肯亞、坦尚尼亞、辛巴威、土耳其、伊朗、阿根廷等。目前，茶樹主要有兩個品種：大葉的阿薩姆種（*Camellia sinensis assamica*）和小葉的中國種（*Camellia sinensis sinensis*）。本書主要討論的是後者。神農發現的這味飲料可以使人精力充沛、神清氣爽，還能活躍思維。著有《茶經》的陸羽認為，茶沒什麼非凡之處，但他隨後說了很重要的一點：

茶之臧否，存於口訣。

禪

安然度日，甚至不為經典及教義所動。

——達摩

大約在公元前四世紀中葉，一名男子在印度北部滿是塵土的路上走著，向世人解釋他開悟的經過，以及眾人如何才能開悟。他就是我們所知的釋迦牟尼。由於這經歷相當個人，起初他完全不願談起，但在一切眾生之父——梵天——的要求下，為了拯救世人於苦難，釋迦牟尼動了憐憫之心，花了五、六十年向眾人解釋何種生活方式才能領人走向涅槃。他的教誨基於道德、憐憫和深思，他教導人要活得簡單，拋棄根植在人類思想觀念當中的複雜揣測。佛陀說，涅槃意味放下所有牽掛、憤怒、無明，也就放下了所有痛苦，憑藉個人的努力和自由心態，去接受直覺感受到的真實。他十分明確地向迦羅摩人[1]解釋道：

不要以口頭傳說、學派觀點、他人謠言、經典記載、邏輯推理、常識判斷、妄自揣測、說者表相行事，也不要自以為是，「克己乃是我們的導師」。只有在確知某事是善良的、無過錯的、受智者歌頌的，以及實踐後能帶來福利和幸福的，才信受奉行[f]。

然而，或許是由於人性的弱點，以及佛陀一生的弟子眾多，為了確保秩序和安全，各式社會規範、個人道德、僧規戒律和破戒後的懲罰最終還是被人建立起來。在佛陀入滅後，摩訶迦葉[2]組織了第一次結集，定下僧規二百二十七條和尼律三百一十一條。佛陀入滅一百年後，第二次結集召開，會中大家對梵語稱為「vinaya」的戒律意見不統一，最終導致分裂。這些分歧直至公元前二五〇年的第三次結集仍未得到解決，不同部派因而發展出不同的戒律，僧團分裂長達百餘年。

1 迦羅摩人（Kalamas，亦稱伽藍人）因各宗派教義不同，無法分辨真假，故向佛陀請教。佛陀就此問題對他們講述了《羈舍子經》，意在告訴人不要立即接受或相信任何事，以免成為他人（包括佛陀本人）的知識奴隸。

2 摩訶迦葉（Mahakashyapa），釋迦摩尼的十大弟子之一，也稱「大迦葉」，禪宗尊他為第一代祖師。

隨著《阿毘達摩》[3]的出現，問題變得更為複雜，僧團的分裂也更為嚴重。《阿毘達摩》的內容談及哲學、形而上學、心理學，佛學學者對待這些問題無疑都懷著赤誠之心，希望能闡明佛陀的語句，指引比丘和比丘尼更加理解他們的追求。但佛學者的努力最終導致過分依賴文字，並走向與佛陀的告誡背道而馳的心智構念。

•

這就是公元六十七年的印度。就在這一年，遠在中國的漢明帝做了一個令他大為驚奇的夢。他夢見一位無比神聖的金人。早朝時，漢明帝將此事與大臣商議，一位大臣告訴他，幾百年前，有聖人生於印度，據說他的身體金光閃耀。漢明帝聞後便毫不遲疑地派出使團前往印度一探究竟，而這個使團最後帶回大量佛教經書。這是傳統的說法。

真實情況沒有這麼傳奇，佛教很可能是隨絲路上的商人經由中亞傳入中國的。

據記載，公元一世紀中葉，佛教僧侶已出現在中國都城洛陽、長安。佛教逐漸在中國扎根，佛陀被與老子、黃帝合併在一起，稱為「黃老浮屠」。

不過，這個宗教很快便自成一派。公元三〇〇年，中國北部大約有佛寺一百八十間，僧侶三千七百餘人[g]。同時，印度商人也將佛教帶到了中國東南沿海，並在長江以南扎根。

公元三一一年，雖然中國的中原地區飽受匈奴侵擾，國家南北分裂，但佛教仍在「蠻夷」與漢族間昌盛。翻譯家和使者不斷經由絲路進入中國，雖然因為中文和梵文、巴利文間的巨大差異，中文譯文在詞語和語氣方面都做了不同程度的妥協，但佛經、戒律、《阿毘達摩》等終於不再被束之高閣，得以為更多普通人接觸。然而，和曾經的印度一樣，佛教在中國也經歷了分裂，出現不同的部派、戒律、訓詁。此外，

3《阿毘達摩》（Abhidharma）意為「無比法」、「大法」。

至五世紀，衍生部派的佛寺和僧侶均數量激增，如果數據屬實，那麼當時在中國約有佛寺八千座、僧侶十二萬六千餘人[h]。

印度僧人達摩於公元五二〇年從南海上岸[i]。作為出現在中國的第一位禪僧，他打算徹底改革當時中國現有的佛教。他摒棄《阿毘達摩》中的隱晦哲理和上百條戒律，說自己「不打算談戒律、早晚課、苦行」，因為這些都只是權宜之計。針對理論、哲學和智慧，他問道：「教誨有何好？終極智慧不需隻言片語。教誨乃字與詞，但道終究不可道。」智慧已出局，因其本身就是愚昧。

達摩說，他來到中國的原因很簡單，就是為了傳播大乘佛教的頓悟：

即心是佛。

他將人心（mind）等同於「性」（fundamental nature）——從老子、孔子時代

便有的哲學概念。如果一個人想看清「性」，他寫道：「不要誦經或唱佛名，否則你將無所受益……教義與解釋只是為了尋找性，如果你已瞭解本性，為何還要執著於那些？」

對於宗教儀式和慶典，他認為：「佛在心中，不要迷失了你供奉的方向。」

達摩竭盡其力在佛教內部進行整頓。他來到中國時，中國的僧侶已十分依賴自己的教義和信條，還有能保證他們權威的廟宇、藏經閣和經書。達摩告誡他們，供奉這些東西，甚至僅僅尊崇其他任何「相」（appearance 或 form），都是入魔。他說：「如果執迷於相，你就已成魔。」對於達摩來說，佛教即禪，而禪即是「示」（manifesting）與「單」（simple）。這正是「安然度日，甚至不為經典及教義所動」，以及看清自己的本性。而這只能由你自己完成。他最後的話讓人不禁想起陸羽或佛陀曾對迦羅摩人說過的：

如人飲水，冷暖自知。

茶與禪

現在我們所知規矩繁複的飲茶儀式，即日本茶道，並不起源於禪寺，而是從中國俗世貴族的生活中發展起來的。當時中國境內的基礎建設和交通網絡的完善提高了茶的普及度，所以說茶道也源自大眾。不過，茶道其實深受中國兩種本土宗教或哲學流派的影響，也就是道家與儒家。

在道家思想中，每一種生命，無論其形態大小，都具有同樣的意義和重要性。鼠肝可比山脈，飲茶有如治國。早期道家思想者，如老子、莊子、列子都認為，一切現象皆源於道，各有其德，無可替代。

東郭子問於莊子曰：「所謂道，惡乎在？」

莊子曰：「無所不在。」

東郭子曰：「期而後可。」

莊子曰：「在螻蟻。」

曰：「何其下邪？」

曰：「在稊稗。」

曰：「何其愈下邪？」

曰：「在瓦甓。」

曰：「何其愈甚邪？」

曰：「在屎溺。」

東郭子不應。

——《莊子．知北遊》

【白話】

東郭子問莊子：「所謂的道，是在哪裡？」

莊：「無所不在。」

東：「可以明白指出道在哪裡嗎？」

莊：「在螻蛄和螞蟻中。」

東：「怎麼這麼卑下？」

莊：「在田邊雜草中。」

東：「怎麼更糟糕了？」

莊：「在瓦磚上。」

東：「怎麼越來越不堪了？」

莊：「在屎尿當中。」

東郭子不再應聲了。

同樣的，只要行為者專注、無執、真誠，人的一舉一動都是獨特而意義深遠的。對道家來說，生命就是一場「逍遙遊」，每個瞬間都有其價值，值得我們留心。為達此目的，方法有很多，飲茶便是最簡單的方式之一。

另一方面，儒家學者繼承了商朝哲學文化的諸多內容，認為天、地、人的平衡並不穩固，三要素雖互相作用，但人才擁有修正萬物秩序的力量。儒家認為，這個力量就是「禮」。只要合乎禮，自然與王朝、王朝與方國、方國與城市、城市與家庭，以及家庭內部所有成員，便都能和諧相處。因此，儒家並不強調約束，而是重視「禮」，禮確保和諧、自知，最終達到從心所欲。同樣重要的是，儒家學者不僅將禮視為本體的外在表現和對世界構造的修正，同時也將其看作是追隨古代聖賢，走上正名之路的方法。孔子曾說過：

立於禮。

——《論語・泰伯篇》

進入唐代後，道家與儒家共同演化，形成了中國人日常生活中的禮教。正如前文所說，這種禮教最初興於朝廷和貴族，隨後才滲入社會其他階層。在禪寺中，數百、甚至數千僧侶將禮教傳承，並發展成一套廣泛的規矩，指導僧人的言行。這套規矩涵蓋如何進入禪寺中的各殿堂，吃飯、沐浴的禮儀，甚至包括怎樣如廁。

飲茶也不例外。無論是受世俗影響，還是作為一種面向貴族的儀式（很多貴族會資助禪寺），抑或是慶祝國家或地方節日的方式，儀式化的飲茶最終發展成為禪寺內最重要的社交活動之一。這是佛教因地制宜、融入中國日常生活的佳例，但禪寺中的禮儀制度要到宋代才於《禪苑清規》[j]中首次被全面而精確地記錄下來。

飲茶、藝術與養生

藝術現示的即是圓滿[k]。

——空海

沒有人能確言茶在何時傳入日本。當然，公元前三世紀經由朝鮮半島抵達日本列島的移民一定受過中國文化的薰陶。而且可以肯定的是，中國文化在隨後幾個世紀裡也對日本產生益發深刻的影響。但並無史料能說明，日本在國家型態逐漸形成的過程中，當地人是否已經知道茶為何物，或是開始喝茶。可能他們知道這種植物，也知道茶飲，但就是不太重視。在一本中國早期的史書中，涉及日本的內容只記載了那裡的人生性快樂，且好飲酒。

然而，到了公元六世紀，日本人開始對中國文化產生極大的興趣，想方設法地學習，並將其引入自己的國家。儒家思想、佛教、詩歌、建築、城市規劃……日本從中國學到許多，當中也包括茶。茶常出現於中國詩歌，並為文人墨客創作詩文營造良好的氛圍。閒時飲茶能讓人跳脫日常，進入出塵脫俗的世界，讓人自覺與貴族、僧侶、文人同列。七二九年，聖武天皇在《大般若經》讀經會的第二天召百僧，賜之以茶。此時，茶不僅僅作為飲料存在，而且已形成一套十分接近宗教的文化。

真正將茶帶進日本的似乎是僧人空海。八〇四年，他遠渡中國學習真言密教。空海天資聰穎，才華出眾，是一位宗教理論家、作家、書法家、藝術家、詩人、工程師……顯而易見，他十分擅長學習。他在長安學習佛法期間無疑有很多機會接觸到茶，不管是在深夜苦讀時，或是在莊嚴的儀式上。僅僅兩年，他便獲得正宗嫡傳名位，返回日本宣揚佛法。

八〇六年，空海返日時帶回了許多經書、注疏、佛像、曼陀羅和其他法器，當然也帶了茶葉，甚至可能是茶種。他向嵯峨天皇力薦茶，介紹其種種好處，天皇很快便愛上這種飲品。嵯峨天皇在一首致空海的詩中讚揚茶的魅力，並對空海即將返回山寺感到惋惜，他寫道：

道俗相分經數年，今秋晤語亦良緣。
香茶酌罷日雲暮，稽首傷離望雲烟[1]。

空海宣揚的佛法以及其中的美感對日本文化產生了深遠的影響，並影響了九世紀茶道的產生。

真言宗認為，大日如來，也就是毗盧遮那佛[4]並不脫離世間萬象，而是普遍存在於世界萬物，而且瞬息萬變。《大日經》是該部派最重要的經書之一，其中說道：「萬

4 毗盧遮那（Mahavairocana），意為太陽，或光明遍照。

物本真。」[m]而《大日經》的注疏提示我們：「佛不會出現在任何他處，只會在你眼前。」[n]因此，雖然我們並無察覺，但大日如來不僅顯聖於現象世界裡我們可感知的具體事物、情緒、思想中，而且也透過它們向我們宣揚佛法和真理。

空海更進一步。他明白藝術既是「相」又是「相」的精煉表達，於是他說，每一次藝術創作都是佛祖顯聖的表現。換句話說，藝術與宗教本是一家。空海說，「真如勝過相（形式），但沒有相，它便不能被察覺。」[o]他還說：

> 因此佛經與其注疏的奧祕可用藝術揭示，一切晦澀教誨所言的真理都可在其中展現……[p]藝術現示的即是圓滿（斜體字是筆者的總結）。

必須補充的是，對空海來說，藝術不限於繪畫，還包括雕刻、詩歌、散文、「行為舉止」以及文化、宗教活動中所用的器具。空海的想法被日本人直觀、積極地接納，並在書法、能樂、茶道，甚至武士道等不同領域發揮作用。打坐與開悟以這些現實物件和形式化的動作為基礎，儘管這些物件和動作本身是世俗的，但它們不僅展現了佛陀，而且是恰當的思維方式的載體，是美好現實的體現。所以藝術即宗教，宗教即藝術，而展現如此藝術的微妙手勢，便成為讓個人與宇宙合一的手印。

空海所處的平安時代在學習如何欣賞一碗茶的美，也在學習儀式與其涉及的物件。一碗茶，甚至可以具有超然的宗教意義。如此，空海最經典的「即身成佛」的境界便可經由既平常又藝術、既淨心又世俗的活動獲得。

•

大約在空海旅華四百年後，另一位僧人榮西為了求法，也展開同樣艱險的旅程。榮西十分憂心當時日本的佛教狀況：各部派間不斷發生武裝衝突，甚至同一部派內部也時有內訌。僧侶甚至尋求武士或貴族集團的支持，當時的京都即使稱不上混亂，至少也極不安定。榮西覺得佛教已變得流於形式，僧侶忽視戒律，只執著於爭奪地位與權力。

一一六八年，榮西第一次來到中國。他潛心學習密宗教義，並於同年回到日本，希望用自己的新知識喚醒日本佛教。到了一一八七年，隨著中央政府的瓦解，日本出現更多部派鬥爭，榮西明白自己的努力失敗了，必須再次遠行。這次他希望能去中國和印度，雖然最後沒去成印度，但他在中國停留至一一九一年。當榮西再次回到日本時，他已擁有兩項武器——禪與茶。這次，他覺得能拯救自己的國家了。

榮西在中國發現禪宗是佛教裡唯一一種被重視的部派，而且禪宗似乎在宋代文化裡發揮著極大的支撐作用。他積極學習該部派的戒律和打坐法，閱讀《禪苑清規》。無論是在寺院儀式中還是私下的生活裡，榮西都飲茶，還鑽研茶的藥用功效。

榮西回日本時取道鎌倉，將禪與茶介紹給了當時的新政府。回到京都後，他將帶回的茶種分給少數僧侶。獲得茶種的僧人當中有一位名叫明慧，在眞言宗高山寺內種出了日本第一片茶園。

榮西堅信，嚴格遵守戒律與坐禪能振作日本百姓的道德水平和精神狀態，而飲茶則能改善健康狀況。他為此寫了兩部論著，一部是《興禪護國論》，解釋了發展禪宗的好處，另一部則是《喫茶養生記》。

《喫茶養生記》字數不多，通篇用漢語文言文寫成，非常切合實際地解釋了為何喝茶能促進健康。書中融合了儒家哲理和傳統中醫理論，又帶有真言宗的印跡，不過重點強調的是：心是人體臟器的重中之重，而茶是心藥；為了健康，人人都應飲茶。

榮西的思想受到極大的重視，不過幾十年，禪宗已發展成日本國內的主要宗教和文化力量，而茶也變得無處不在。雖然榮西沒有寫過自己在中國參加的茶道儀式，回國後也可能未曾向其他僧人提起這些經歷，但後人一般認為，讓茶在日本得以普及開來的正是榮西。在此值得附上《喫茶養生記》的一段內容：

茶也，養生之仙藥也；延齡之妙術也。山谷生之，其地神靈也。人倫采之，其人長命也……

謂劫初人與天人同，今人漸下漸弱，四大、五臟如朽。然者針灸並傷，湯治亦不應乎……

人保一期，守命以為賢也，其保一期之源，在於養生。其示養生之術，可安五臟。五臟中，心臟為主乎。建立心臟之方，吃茶是妙術也。

厥心臟弱，則五臟皆生病。今吃茶則心臟強無病也。可知心臟有病時，人皮肉之色惡，運命依此減也……

但大國獨吃茶，故心臟無病亦長命也。我國多有病瘦人，是不吃茶之所致也。若人心神不快，爾時必可吃茶調心臟除愈萬病矣。

心臟快之時，諸臟雖有病，不強痛也。

據說，榮西僅用幾碗茶便治好了輔政者北條實時的惡寒症狀。此事在幕府內傳開，茶也就此推廣開來，成為「國飲」。在其後的幾十年乃至幾百年間，各種飲茶方法也逐漸形成。

禪與茶

榮西圓寂前一年，一位年輕的僧人前來拜訪。這位僧人也在尋找修佛的正確途徑，並且同樣對比睿山[5]和其他僧眾集團感到失望。這位僧人就是道元（1200—1253）。一二二三年，道元追隨榮西的腳步，遠渡中國。四年後，他帶回與榮西的

5 比睿山，亦稱天臺山，日本天臺宗山門派的總本山。此處指代日本天臺宗。

臨濟宗不同的新派別——曹洞宗，以及一本似乎是他親手抄寫的《禪苑清規》。嚴格強調戒律、秩序、細則的道元十分依賴《禪苑清規》，他還把這本書的內容融進自己的作品《永平清規》和《正法眼藏》當中。在道元位於鎌倉西北部的寺院裡，飲茶是僧人日常生活的一部分。道元是一位十分熱忱的信徒，他在寺院裡舉行的正式飲茶儀式應該與中國禪寺裡的飲茶方法並無大異。

道元的著作和個人經歷中很少有跡象表明他有爽朗幽默的一面[q]，他又常被描述成爲人十分「獨立和固執」。[r]因此，和道元一起喝茶或許是一件相當莊重的事；在其他寺廟亦然。不過，隨著時間流逝，這樣的茶事活動漸漸被社會廣泛地接受——首先是武士階層，其後是商人，甚至還有農民。大眾爭相效仿飲茶儀式中的禮儀，當中的莊嚴肅穆卻很快被忽略了。

禪宗與幕府在日本幾乎是同時出現的，武士們對禪修十分熱衷。雖然研讀經書也是修禪的一部分，但武士們並不認為咬文嚼字是通往開悟境界的途徑，反而十分依賴剎那的即時性和唯一性，相信打坐時萌發的直覺。禪宗認為，開悟關乎生死，而「生死」這個詞與概念是武士十分明瞭的。與禪一同興起的還有茶，以及莊嚴又引人入勝的飲茶儀式。

然而武士終究不是僧人。百年之內，武士這個新崛起的階層就在品茶活動中加入了賭博和競賽，並將窮奢極欲的作風帶進他們進行茶事活動的場所，把飲茶變成了娛樂，而非肅穆的儀式。有記載稱武士的茶室內有豹皮鋪於椅凳，滿室中國和日本的珍品，品茶大賽的勝出者會得到昂貴的獎品。加上從十三世紀起日本全境就開始茶葉的種植，茶及其社會屬性變得唾手可得。從武士到農民，人人都有機會接觸到茶，只有一小部分極其貧苦、喝不到茶的人被稱為「水呑百姓」，意為「喝水的人」。

最終，娛樂性的飲茶不僅在武士階層，而且在佛教僧侶、神道教的神職人員、貴族和新興的富裕商人間也都流行起來。到了十五世紀，鬥茶和茶會發展得過於繁盛，使得官方不得不下令禁止，然而效果並不顯著。

茶道正是在這種背景下產生的。有趣的是，日本飲茶文化朝向現代茶道的轉變也正始於武士階層內部——自上而下地實現。將軍與其最貴族化的家臣並不是沒有審美能力，而且他們十分清楚知道自己需要會鑑別、護理和展示中國藝術品的助手，如此才能以自己的藏品讓同僚大開眼界。這些精於藝術又有品味的助手在日語裡稱作「同朋眾」。他們不一定是僧侶，但都剃了頭，取名都以「阿彌」結尾，以此暗示與阿彌陀佛的連結。

能阿彌（1397—1471）便是將軍足利義政的同朋眾。足利義政是整個國家的管理者，十分好茶。能阿彌開創了在更小的房間內進行茶事活動的先河，他將房間布置為禪寺書院的風格，在其中風雅地擺放義政的藝術藏品。賓客來到這間屋子後，以略加改進的禪寺禮儀品茶，並盡情欣賞義政的收藏。中國畫軸、尤其是佛教主題的，原本多掛於牆上，後來則被掛進壁龕，也就是日語所說的「床の間」，再往後則發展出一個壁龕內只掛一幅卷軸，伴以香爐或插花的形式。很快地，武家茶人爭相效仿這種室內設計，並將這一新模式固定下來。愚昧卻十分流行的鬥茶就此停止，取而代之的是在壁龕以及在更狹小的空間內展開的茶器和其他藝術品的較量。人們還在其中加入其他質樸、禁欲的體驗，體現了禪寺的一些價值觀。

最後，一位相對無名的禪僧邁出了最後一步。村田珠光生於古都奈良，他給自己搭建了一間小茅屋，用於坐禪、飲茶，從此為茶道建立出一套新標準。珠光曾經很苦惱，因為他對待師父的態度懶散，坐禪時常常打瞌睡。他把自己的情況告訴一位大夫，大夫顯然對榮西的《喫茶養生記》十分熟悉，於是為他開了一味藥——茶。中國詩歌中多有結廬山野的描寫，珠光或許是受此影響。也許，影響他的正是陶淵明的《飲酒・其五》：

結廬在人境，而無車馬喧。
問君何能爾？心遠地自偏。

珠光割了芒草，蓋了一間自己的小屋（他的父親既是僧人，也是木工好手）。在師父一休的建議下，他在小茅屋內的壁龕上掛了一幅字，期待這些字能指引自己開悟。當然，珠光也使用了珍貴的中國茶器，但他明白炫耀與依戀、尤其是對這類器物的執念，是修禪路上的障礙，有違禪宗要求的質樸與平靜。對珠光來說，正確的飲茶法與坐禪無異，沒多久，他便悟出了「禪茶一味」。這個觀念影響茶道直至今日。從珠光起，禪與茶便由「床の間」內的字軸引導展開。茅屋雖小，珠光卻不介意。正如我們之前提到的那個故事，佛陀弟子舍利子被問到：「維摩詰小小一室，眾菩薩、聞聲如何能坐？」而他回答：「我們來此是為聽法，而非一席之地。」珠光也在簡單而樸實的茅草屋裡找到了修禪、習茶之所。

雖然有其他人進一步發揚了「禪茶一味」這個觀念的美學價值，大書特書禪與茶之非比尋常的也另有其人，但別忘了，是珠光帶領我們進入這茅屋中的寧靜與平和，讓我們坐在字軸旁，與祖師為伴。在茶道中，這種狀態一直延續至今。

祖師

尊其字，而賞筆者、道人、祖師之德也。

——千利休

珠光於十五世紀末在日本建立的這套飲茶禮儀，中國早在四、五百年前就有了。寺院中的禪僧在自己的房間中或別處掛上師父或師爺的書法作品。這些作品通常是師父的箴言，或是引自禪宗經典，成為冥想的出發點，為在寺院做雜務或坐禪的僧人指明方向。

珠光從一休那兒獲得的那幅字出自宋代中國禪師圓悟克勤之手，上有數行漢字，因而較寬。這種通常寫著禪語或中國古文經典選句的字軸，在十七世紀前十分流行。而十七世紀時出現了僅有一行字的字軸（一行物），內容引自禪宗經典，這樣的形態也被認為更加直接和恰當。這些一行物更易讀也更易懂，其內容很快便從禪宗拓展到常人熟悉的儒家、道家經典，還有中國古詩。[5]正如前面提到的，從單個漢字到整首詩，「一行物」一詞如今可以指代任何字軸。它們出現在茶室、餐廳、住宅、道場裡，甚至是新年時市場販賣的日曆上。實際上，在日本這個文學素養極高的社會裡，一行物是不可或缺的精神食糧。

於是，現在我們能坐下來，和釋迦牟尼、老子、莊子、孔子、孟子、陶淵明、臨濟義玄、雲門文偃、無門慧開、白居易、蘇東坡、寒山、趙州從諗[6]等形形色色的人物一同品茶。而達摩、空海、宗蹟、榮西、道元、能阿彌、村田珠光這些人為我們構建了這場儀式的基礎，使得我們在茶室內與他們共享同一空間。坐在我們身邊最尊貴的客人，很有可能就是神農。

•

最後，茶之集大成者千利休邀我們讚美「賞筆者之德」，並領會藏於墨跡之間的真正意味。

書法與禪的連結最早出現在中國宋代，大約成熟於詩人及書法家黃庭堅（1045—1105）的時代。黃庭堅雖然是保守的儒士，卻熱心地拜師修禪，他驚訝地發現自己在頓悟後的書法風格竟有了轉變。他揮筆自由如有神，能完全表達內心世界。和珠

6 臨濟義玄（?—866）是唐代禪宗高僧；雲門文偃（864—949）為唐末佛僧、雲門宗始祖；無門慧開（1183—1260）是宋代禪僧；寒山（生卒年不詳），唐朝詩僧；趙州（778—897）法號從諗，也是禪宗史上的大師。

光一樣，黃庭堅十分崇拜陶淵明，並將陶詩喻為「無弦琴上單於調」[t]，而他自己的作品也出現了如此禪意。

透過黃庭堅和其後幾位中國禪師的書法，世人很快便明白了這種藝術本身也可作為修禪的途徑。留學中國的日本僧人，包括榮西和道元，不僅為自己的寺院帶回書法作品，而且也開始實踐這種藝術，最終形成了日本書道。

禪或茶，都要求我們完全投身於當下的瞬間。道元在他的《知事清規》中提醒我們，當我們在洗衣做飯時不該被其他思緒打擾，不該思慮接下來要做什麼，不該擔心股票和債券，甚至不該期望得道。我們應該專注於眼前所做之事，就像武士道要求習武之人手腳身心與劍合一：

流露無礙[u]。

正如書法，如果筆、墨、紙於手中統一，書寫者不再介意規則和技巧，那麼筆的律動便是心的律動。那一筆一畫見證的不是書寫者的技藝，而是其內涵和對所寫內容的理解深度。書寫者所選的這一句是否反映了他的領悟？行筆是否表明其心境？在中國和日本有一句老話說的就是這件事：

心正即筆正。

或許我們會問自己，我們又有什麼領悟或正見的能力呢？

珠光會告訴你，就在你眼前。且看，且吃茶。

第一章　基礎

1 圓，圓相

此圓意味佛陀之自由、公正、平等。一圓之內，萬物無缺。這是絕對真理或實相的象徵，因而也象徵智慧。或許比起作為書法，圓相更常見於禪畫，據說它顯示了繪者的精神境界。圓相常一筆寫就，收筆無限接近於起筆。如此，圓相暗示著世界圓滿同時又不圓滿（絕對與相對）或圓滿的不圓滿：我們飲茶所用、略不規整的茶碗即昭示這一禪之味。著於十二世紀的公案評唱集《碧巖錄》當中就收錄了這樣一則有關圓相的軼事：

南泉、歸宗、麻谷同去禮拜忠國師[1]。至中路，南泉於地上畫一圓相云：「道得即去。」歸宗於圓相中坐……泉云：「恁麼則不去也。」歸宗云：「是什麼心行？」

如歸宗一樣，我們或許會疑惑到底發生何事，但似乎禪者既不在圓相內，也不在圓相外。

一些禪師猜測圓相源於滿月[a]，常將圓相視為佛教中開悟的象徵。然而也有人希望能闡釋圓相，將它看作是對繪者精神（或心識）的自發性及平衡的絕對考驗。而其中最出色或最有意思的不僅常出現於茶室和禪寺中，也時常出現在道場。偉大的劍豪和畫家宮本武藏說過，舞劍與走筆在本質上是一樣的：一劍或一筆，從中便可看出習藝之人的精神。這也反映在一句中國格言中：

1 忠國師，指南陽惠忠，為唐代禪師。南泉，也就是南泉普願禪師；歸宗即智常歸宗；麻谷則為麻谷寶徹。這三位禪師最有名的事蹟，分別是禪宗公案裡的「南泉斬貓」、「歸宗殺蛇」以及「麻谷振錫」。

心正即筆正。

茶道也是如此，舀水、打茶、品茶皆通此理。

雖然圓相經常單獨出現，但有時也會伴有文字，如：

食此〇而飲茶。

無 2

這無疑是禪文學和書法中最著名的一個字。在字源上，「無」與「舞」同源，其甲骨文形態就像盛裝打扮的一男一女做著舞蹈動作。這是否正象徵「無」即薩滿在跳舞時想達到的精神境界？抑或是如民俗語源學解釋的那樣，只是代表一片被燒盡的森林？

公元前五世紀左右，道家創始人老子說過這樣的話：

三十輻共一轂，當其無，有車之用。
埏埴以為器，當其無，有器之用。
鑿戶牖以為室，當其無，有室之用。
故有之以為利，無之以為用。

——《道德經・第十一章》

【白話】

三十根輻條匯集在輪子中心的插軸處，因為這車轂中空，車才能有乘載的作用。揉合陶土製作器皿，因為器皿中空，器皿才能盛物。開鑿門窗建造房屋，因為房屋中間空虛，房屋才能住人。所以「有」給人便利，而「無」則發揮它的作用。

透過《無門關》當中的一則公案，「無」被廣大修禪者和習茶、習武之人所知。公案如下：

趙州和尚因僧問：「狗子還有佛性也無？」州云：「無。」

——《無門關・第一則》b

這則公案從十三世紀起就困擾著眾多禪僧和修禪者。無門慧開寫出《無門關》，使它成為有志修禪之人需要跨過的第一道難關（無門在七十歲時曾以頭撞柱，就是為了參透其中奧義）。這宗公案中最有意思的是，雖然「無」常指的是「沒有」，但在這裡卻意味著佛教徒追求的精神境界——無心[c]。對於這個公案，無門繼續說道：

參禪須透祖師關，妙悟要窮心路絕。祖關不透，心路不絕，盡是依草附木精靈。且道如何是祖師關？只者一個無字，乃宗門一關也！遂目之曰：禪宗無門關。透得過者，非但親見趙州，便可與歷代祖師把手共行，眉毛厮結，同一眼見，同一耳聞，豈不慶快！莫有要透關底麼？將三百六十骨節，八萬四千毫竅，通身起個疑團，參個無字，晝夜提撕。莫作虛無會，莫作有無會。如吞了個熱鐵丸相似，吐又吐不出，蕩盡從前惡知惡覺。久久純熟，自然內外打成一片，如啞子得夢，只許自知。驀然打發，驚天動地。如奪得關將軍大刀入手，逢佛殺佛，逢祖殺祖，於生死岸頭得大自在，向六道四生中[d]，遊戲三昧。且作麼生提撕？盡平生氣力，舉個無字。若不間斷，好似法燭，一點便著。

【白話】

參禪的人一定要透過祖師設下的關卡，神妙的頓悟必在心的思維極境中生出。這祖師的關卡沒有參透，心的思量若無斷絕，那麼所謂的修行，仍是依靠外物、依靠他人，依靠神靈。那麼，什麼是祖師關？這個「無」字，就是宗門的第一關！因此稱為禪宗無門關。能參透此關者，不但能親見趙洲，還能與歷代祖師攜手並進，眉毛相連，同享一眼，共用一耳，豈不痛快！那要怎麼參透這關？將全身的骨節，所有的毛孔，全身心起個疑團，去參究這個無字，用功不分日夜。不落入虛無，也不落進有無的思辨。那感覺就像吞下一顆熱燙的鐵丸子，吞不下去又吐不出來，把從前的所有知見全數清除乾淨。全身全心投入於此，恆久地用功，自然地內外打成一片，就像啞巴作了一場夢，只有自己知道，無法和他人分享。一旦得悟，可謂驚天動地，就像奪得關公手上的大刀，不執著於佛的法和祖師的道，斬盡所有執著，在生死關頭得到生命的大自在，就能優遊在六道四生中，方便說法。那麼，時時刻刻下功夫去參透這個「無」字吧。窮盡生平的氣力，去參透這個「無」字，如果能如此毫無間斷，終究會有所悟，就像法燭，一點便著。

無門隨後頌曰：

狗子佛性，全提正令。才涉有無，喪身失命。

【白話】

狗有沒有佛性的問題，要回到修行的根本。一旦陷入有無的思維，便錯過見性的機緣。

再看這則故事：

武士細川成之（1434—1511）成為讚岐國[2]守護後遁入佛門。一日，一位禪僧前來造訪成之，此時已年邁的武士告訴禪師，他最近去了一趟熊野[3]，並畫了一幅紀伊半島的風景畫。他展開畫軸，卻是白紙一張。禪僧驚訝於這幅畫作的空無，稱讚道：

毛筆高似須彌山，黑墨廣可蓋九州。
一張白紙空無畫，無可吞盡萬形相。

茶道中所用的字軸，很多都圍繞著「無」這一概念，彼此間又有細微差別。至此，我們可以更進一步思考如下的「無著」。

3. 無著

「無著」說的是不要執著於世間的情與物，也不要執著於自身的意見、觀念、想法。你視為珍寶的成見只會讓你眼盲，遮蓋住眼前純粹的真實。要達到真正的無著，你必須拋開心理和精神上的包袱，去感受世界原本的模樣。下面這則故事發生在一位禪師和一位教授之間，可以幫助我們更理解「無著」。

2 讚岐國，日本舊地名，又稱讚州，大約位於今香川縣內。
3 熊野當地有熊野三社，被視為聖靈之地。

一位頗為自負的大學教授拜訪南隱禪師[4]，表面說是想請教禪機，實則是要炫耀自己的學識。南隱為客沏茶，茶水滿杯而溢，南隱卻沒有停手。教授驚呼：「不能再倒啦，杯已滿。」南隱回答：「施主如此杯，心中滿是己見，若不空固有之見，老衲無法說禪。」

這個道理在茶藝與武藝上都適用。《禪茶錄》[5]這樣寫道：

茶之本，不在擇茶器之好壞，不在評作法之優劣，僅是執茶器，入三昧，修煉心性而已。而以茶明心，以茶見性，需摒除雜念，專注一心，除此之外別無它法。

同樣的，宮本武藏經常告誡弟子，不要執著於某件武器、劍之長短、某種招數。他舉了一個例子。某次他在削弓時遭人偷襲，因手頭沒有武器，便隨手拿起正在製作的木棒與人過招，結果輕鬆打敗了對手。

遊 4

遊，字面上指的是「遊玩」、「享受閒暇時光」或「旅行」。這個詞源於道家，它告訴我們，行走於世應自由閒適。《法華經》觀世音菩薩普門品第二十五說：

遊於娑婆世界。

---

4 南隱禪師（1868—1912），日本明治時代的著名禪師。

5 《禪茶錄》，寂庵宗澤著。

《莊子》對此也有提及：

夫列子御風而行，泠然善也，旬有五日而後反。彼於至福者，未數數然也。此雖免乎行，猶有所恃者也。若夫乘天地之正，而禦六氣之辯，以遊無窮者，彼且惡乎待哉？

【白話】

列子能御風飛行，輕飄飄地，十分美妙。他出去十五天才回來，如此幸福已是世上罕見。但是在有道之人看來，列子並非真正自在。雖然他能乘風遊行，但終究不能無風。順天地自然的正道，窮陰陽風雨晦明大氣的極理，那麼可遊於無窮之境，便無需倚靠什麼。

即使在飲茶與修禪的規矩和儀式中，我們也應該保有這種心態。其實，規矩和儀式是為了保障我們的自由而存在的。

如此自由閒適的漫步能讓修禪、習茶、習字、習武之人達到「靈魂遊走各處而真身不動」的境界[e]。「遊」這一概念讓我們一改過去對它錯誤、偏差的印象：回想一下，所謂「遊人」，是終日沉迷賭博酒色的人；「遊藝三昧」說的是沉迷酒與賭——然而遊通常和茶與禪有關。

夢 5

甲骨文中的「夢」表現的是黑暗，或說夜晚的黑暗、黑暗中的幻覺。在公元前三世紀的哲學著作《荀子》中，「夢」意味著「無識」。

在禪與茶的世界裡，「夢」意味著「幻象」或「相對世界和絕對世界的虛幻」。《莊子》如是寫道：

昔者莊周夢為蝴蝶，栩栩然蝴蝶也，自喻適志與！不知周也。俄然覺，則蘧蘧然周也。不知周之夢為蝴蝶與，蝴蝶之夢為周與？周與蝴蝶，則必有分矣。此之謂物化。

【白話】

從前，莊周夢見自己變成了蝴蝶，是一隻栩栩如生的蝴蝶，多麼得意啊！完全沒意識到莊周這個人的存在。一會兒甦醒過來，這才發現這兒躺了個莊周。不知是莊周做夢變成了蝴蝶呢，還是蝴蝶做夢變成了莊周呢？莊周和蝴蝶，一定是有差別的。這就叫萬物變化之理。

《莊子》中還有一則故事，闡述了幻象與現實的交錯，其首句經常出現在茶室的掛軸上：

夢飲酒者，旦而哭泣；夢哭泣者，旦而田獵。方其夢也，不知其夢也。夢之中又占其夢焉，覺而後知其夢也。

【白話】

在睡夢裡飲酒作樂的人，天亮醒來後很可能痛哭；在睡夢中痛哭的人，天亮醒來後又可能在歡快地逐圍打獵。他在做夢之際，並不知道自己是在做夢。

「佛陀」一詞在梵語字源裡本意為「喚醒」，這也是禪與茶的共同目標。《禪茶錄》尤有強調：「如此，備茶完美反映了禪意，茶成了一種『道』，指點人找到根本的自我。」

說到夢，人們常會想起《金剛經》第三十二品結尾的語句，在禪寺和茶室裡也經常可以見到：

一切有為法，如夢幻泡影，如露亦如雷，應作如是觀。

關於這個世界的夢與幻，俳人松尾芭蕉也寫過不少俳句。以下是最著名的兩首：

蛸壺やはかなき夢を夏の月

章魚壺中夢，無常夏夜月

夏草や兵どもが夢の跡

兵火連天處，今朝草如茵

最後不可不提的是禪師澤庵宗彭（1573—1646），他同時是書法家、畫家、詩人、園藝家、茶人。他曾為將軍和天皇講禪，也指點過劍術家柳生宗矩（1571—1646），傳說他還是宮本武藏的友人和老師。澤庵不戀名利，他在彌留之際告訴弟子：「將吾全身葬於後山，只用泥土掩埋即可。不必念經，不必辦喪，不要僧俗香資。令僧人著其袍，食其飯，度日如常。」澤庵臨終前，眾僧懇求他留下辭世偈文，他寫下一個「夢」字，便投筆而逝。

放 6

「放」即「放下」「放鬆」「放開」。從客觀角度看，「放」是鬆開雙手。掛軸上通常只此一字，但我們也經常看見它出現在一個短句中：

放之自然[6]。

此句選自《信心銘》，該書成於六世紀末，作者是中國禪宗三祖僧璨。如果我們閱讀整個段落，就更能體會其中含義：

大道體寬，無易無難。小見狐疑，轉急轉遲。
執之失度，必入邪路[6]。放之自然，體無去住。
任性合道，逍遙絕惱。

【白話】

道是很寬廣的，要證入雖不容易，但也不難。不相信自心是佛的人就像狐狸那般多疑，急於從修行證道，豈知越急只會越慢。過度執著，便會產生不正心態，落入偏差的境地。放下，順其自然，才能體會到沒有過去、現在、未來的心體。唯有順從自己的心性本質，才能與道相應，相應後才能自在，自在了也就沒有煩惱。

6 意指放下所有事物，它們自會依自然的軌跡發展。

放下，法爾如此。放下妄想與成見，則萬事回歸原本。任何心中執念，諸如「是」或「不是」、「該」或「不該」，都會成為阻礙。若有心執，則茶道僵、武道沒、禪修堵。心中無包袱，我們就能看清，主觀與客觀間的隔閡就會消弭，萬物就會回歸自然。放下：攥緊的雙手無法再握它物，已滿的茶杯無處再添新茶。

澤庵禪師和他的學生兼朋友柳生宗矩都說過類似的話。在《不動智神妙錄》[7]中，澤庵這樣寫道：

> 吾心譬如為繩所縛之貓，欲捕雀而不得。若善調教之而去諸縛，令其往其心所向，則與雀同處亦不捕，乃應無所住而生其心爾。吾心亦復如是，心無所住，自由無礙。以劍而論，揮劍之手，非心所在。

在《兵法家傳書》中，柳生宗矩這樣寫道：

中峰明本[8]禪師曾說過要「收放心」，此話實有深淺雙層含義。

其一：放心，須習收心，不令心留於所向。舞劍亦同，心不在劍而在本身。

其二：放心，任其遊而不止。收放心，若反覆放收，則不自由。有所向而不滯，遊走不止，是真自由。

默 7

默，是口頭的，亦是精神的。精神上剔除了執與惑的絕對世界，無己見。

7 江戶初期臨濟宗高僧澤庵宗彭與德川將軍家的劍術教練柳生宗矩的往來書信內容集結。

8 中峰明本（1263—1323），中國宋末元初時期的僧人。

公元前六世紀的某天，釋迦牟尼給眾僧尼講經，聽眾中還有菩薩、緊那羅、迦樓羅[9]和其他飛禽走獸。然而釋迦牟尼並不開口，他沉默地在聽經者面前拿起一朵花，眾人並不理解，只有弟子摩訶迦葉默默微笑。這就是「拈花微笑」的故事，「以心傳心」即是禪的開始。

不久後，一位老人開始著筆他的著作。他被認為是道家之父、禪的始祖，他在其著作《道德經》中寫下如是警世名言：

道可道，非常道。
名可名，非常名。
無名，天地之始。
有名，萬物之母。

再回到禪的世界。《維摩詰經》第八章中，眾菩薩在維摩詰的房裡見到了空。掌管智慧的文殊菩薩對維摩詰說：「我們已經告訴你我們的理論（不二論），現在你能說說如何入不二法門嗎？」

維摩詰只是沉默。

文殊菩薩讚嘆道：「妙哉妙哉！無句無詞，無字無心動，這的確會將菩薩帶入不二法門，無句無詞，無字無心動。」

維摩詰的沉默後來被形容為：

一默如雷。

9 緊那羅（kinnara）的形象為半人半馬之神，迦樓羅（garuda）的則是金翅鳥，兩者皆是護持佛的「天龍八部」之一。

意思很明確，也就是說，人在追求真理時不可依賴文字。任何人為的構造都是狹隘的，容易遺失重點。禪師常說「開口成錯」，並且堅持人要看見真實必須先知冷暖——要伸手入火坑、入冰水[g]。道與武道的精髓也在於此。甲骨文中的「默」很有意思，就像一隻無聲撕咬的狗，好像吠叫會影響撕咬一樣。

孔子說過「默而識之」[h]，《易經》和《中庸》也提到過這點，不過這些說得都不如道家和禪宗確切。天道如茶道，

自然者，
默之成之，
平之寧之，
將之迎之。

——《列子》

8 如

從語源上來說，「如」這個漢字表達的是「一個女人做別人告訴她要做的事」。不過，考慮到在中國和日本的早期社會裡的薩滿多為女性，這個漢字很有可能意為「按女人說的做」。

而在佛教中，「如」意味著實相，是萬物的本來面目，而非我們期望的樣子，它暗示我們要接受實相。中國早期的一位禪僧被問到如何證明自己已開悟，禪師僅作答：「女尼本是俗家女。」這也是以下這首詩的主旨：

春色無高下，

花枝自短長。

9 如意

「如意」意為「如所想」、「如所願」，是開悟之人的境界：萬事萬物都與其想法相合，也就是說，開悟之人從不想著背離實相。開悟之人「想要」花紅草綠。

因此，在討論侘這一樸素靜寂的概念時，《禪茶錄》這樣寫道：

所謂侘，不滿意、不如意、不得志時卻不覺者也。若嘆不滿意、不如意、不得志，則無侘之心，而為貧人也。

茶室裡或許並非事事完美，但不完美即完美。

與此相關的還有梵語稱為 *cintamani* 的「如意寶珠」，有求必應的地藏菩薩常持此神球。它象徵著願萬物為本的開悟之境。

如意本是文殊菩薩的一把短劍，可以斬斷無明，讓人的願望順應實相。

然 10

「然」意味著一種毫無保留、全然投入的做事狀態。換句話說，以「然」行事時，行為者的每一個動作都包含了他的全身心。不論是倒茶還是坐禪抑或習武，皆是如此。最初，「然」字的意思是「燒」或「燒著」。而作為詞尾助詞，「然」組成了日本藝術領域許多重要的概念，比如「寂然」，就意味著心靈和精神「平和與安靜」。

在能劇中，「然」是塑造人、鬼、神形象時不可或缺的氣質。演員的目標並不是表現現實。能劇之父世阿彌說過：「無論演什麼角色，都必須先成為它。」你需要明白這個角色「真正的意圖」，而為達此目標，就需要「然」的氣質。

在聆聽神道教的神職者念祝詞時，我們可以即刻感受到「然」。他們說的很多話都是無可理解的，但我們能夠感受到他們本人幾乎與他們所說的合而為一。如果祝詞損耗了神職人員，那神就必須回應其請求。

在所有包含「然」的詞語中，最有意思的或許是「自然」。英文常將禪宗和道家文化中的「然」譯為「of- itself so」。作家及譯者史蒂芬．米契爾[10]將其定義為「自我犧牲」（self-immolating）——就是我們之前提到的、事物完全回歸自我，除了自我再無其他。如此，「自然」一詞就將東方宗教與猶太教、基督教、伊斯蘭教等西方宗教劃分開來了——在東方宗教中，世界是自我繁衍的；而在西方宗教中，世界是由外力（神）創造的。「自然」始終圍繞著「然」。道家學說中常出現這一概念，讀幾個例子便能略知其一二：

為者敗之，執者失之。
是以聖人無為，故無敗；無執，故無失……
以輔萬物之自然，而不敢為。

——《道德經・第六十四章》

【白話】

如果有心作為，必有所敗；固執私見，必有所失。因此聖人無所為而為，所以無所敗；無所執而作，所以無所失……以輔助萬物自然發展，而不敢有所作為。

10 史蒂芬・米契爾（Stephen Mitchell, 1943—），美國詩人及譯者，曾英譯《道德經》。

道生之，德畜之，物形之，勢成之。是以萬物莫不尊道而貴德。道之尊，德之貴，夫莫之命而常自然。

——《道德經．第五十一章》

【白話】

道創造萬物，德含有萬物，陰陽二氣讓萬物成形，氣候水土使萬物成長。但是陰陽二氣與氣候水土也是從道和德演變出來的，道和德才是萬物生成的根本，所以萬物沒有不尊崇道且珍視德的。道之所以受尊崇，德之所以受珍視，是因為它們創生萬物，無心無為，因任自然，而萬物也能自然生長。

古之人，在混芒之中，與一世而得淡漠焉。當是時也，陰陽和靜，鬼神不擾，四時得節，萬物不傷，群生不夭，人雖有知，無所用之，此之謂至一。當是時也，莫之為而常自然。

——《莊子・繕性》

【白話】

太古時代的人類生活在混茫當中，共同分享恬淡，彼此甘於寂寞。彼時天地間的陰與陽各自安靜而和諧。鬼、神也都無為而不擾人，四季循環有序，所有生命皆活足天年，從不短壽。當時的人雖然已有相應的知識，但也不去推廣套用。這是最單一的至德之世。大家做任何事無不順應自然，根本不必有為，所以連無為而治都還談不上呢。

無名人曰：「汝遊心於淡，合氣於漠，順物自然而無容私焉，而天下治矣。」

——《莊子・應帝王》

【白話】

無名人說：「你的心應保持本性、無所修飾，形與氣交合在清靜無為的方域，順應事物的自然狀態，而無絲毫個人的偏私，那麼天下也就得到治理了。」

11 一期一會

這是茶道崇尚的理念，而且是禪宗與武道提倡的人生態度。

「一期」指的是人的一生，從生到死是一個無法重複的過程；「一會」指的是相遇或聚會。世事無常，無論遇見何人，終有分別的一天。任何相遇都是獨一無二的，不會再以相同的方式出現。因此，無論是茶室中的相聚，還是大街上的偶遇，無論遇見的是比武時的對手，還是靜思時的倩影，你都必須全身心地投入當下的相遇。這種態度可以延伸到各個方面：對待任何事物都應抱著一種它不會再出現的心情。快樂和悲傷皆應是圓滿的，我們應悉心體會，但不帶偏執。松原泰道[11]師這樣寫道：

「一期一會」不僅僅是與他人交往的原則，甚至是對待每一件事物應有的小心謹慎的態度。如果你真正理解、並接受了「一期一會」，那麼在言談舉止間、思考問題時，都會更負責、更慎重，你也會因此成為一個更有深度的人。

——《禪之書》

下面這則故事常用來說明這個至關重要的理念：

11 松原泰道（1907—2009），日本臨濟宗僧人。

道元和尚在天臺山習禪，一日遇見一位上了年紀的典座（寺院裡掌管飲食的僧人）。時值盛夏，烈日當空，酷暑難耐。典座正在曬香菇，看起來十分賣力。

道元說：「這真是件苦差事啊，怎麼不找個年輕人做呢？」

典座答道：「如果讓別人做，我就不能親自動手了。」

「話雖如此，但現在太熱了，為何不找個更舒適的日子才幹活呢？」

「何時才是更舒適的日子？回答我。還會有其他瞬間與此刻相同嗎？」

道元無言以對，而典座繼續工作，默默揮汗如雨。

第二章　無心

12 無心

此語的意思接近打開心胸、不去判斷、不懷成見、沒有依戀、心如明鏡。但矛盾的是，我們不能以這些詞語中的任何一個去解釋它，儘管它們都表現出「無心」。根據禪師們的理解，「無心」理解世界的途徑十分直觀、不帶任何意圖。澤庵禪師在寫給劍術大師柳生宗矩的信中，將「無心」定義為「心不停留於一處……而遊走於身，貫穿自我」。

有趣的是，「無心」在中國古典文學中常被理解為「自然」，而在日語口語中卻是「天真無邪」的意思。這二者雖有出入，卻不離根本。

最能解釋「無心」的詞句或許出自禪之始祖——道家。以下便是一例：

關尹喜曰：「在己無居，形物其著。其動若水，其靜若鏡，其應若響。故其道若物者也。物自違道，道不違物。善若道者，亦不用耳，亦不用目，亦不用力，亦不用心。欲若道而用視聽形智以求之，弗當矣。瞻之在前，忽焉在後；用之彌滿六虛，廢之莫知其所。亦非有心者所能得遠，亦非無心者所能得近。唯默而得之而性成之者得之。知而亡情，能而不為，真知真能也。」

——《列子》

【白話】

道的境界在自己身心上面，但不停留於任何部位，這個心隨時無念，心境空的，外境一來就起作用；沒有固定方位，像水一樣自然地流動。修道人的心境永遠是寧靜的，像明鏡一樣；一問就一答，答完心就空了。所以真得道的人就和物理作用一樣，順其自然。心物一元的，萬物看起來跟道是相違背的；但真正懂得道的人並不違背物。真正懂得道的，打坐不用眼睛，不用耳朵，也不用力，也不用心，這就真合於道了。但你想修道，卻靠耳朵、靠眼睛、靠形體、靠思想知識，那就錯了。道在哪裡？好像在前面，突然又在後方，忽前忽後，捉摸不定。它用之不盡，充滿東南西北上下六方。如果放下道，也就了不可得。這個境界，既不是你有心去求而遠，也不是無心去求而近的。那關鍵還是只有默然和自性的作用。知而忘情，能而不為，才是真知真能，才是得道，無所不知，無所不能。所以真知真能的人，等於是無知無能。

雖然列子將「無心」看作「無智」，但其傳遞的信息很明確：「道」既無法透過智力操練獲得，也無法用感覺捕獲。若心胸開闊，思維流動，不刻意作為，那麼「道」則自來。

《劉子新論》又為我們提供了補充說明：

魚不畏網而畏鵜，

復仇者不怨鏌鋣[1]，而怨其人；

網無心而鳥有情，劍無情而人有心也。

《莊子》論道時，如此形容熟睡中的齧缺[2]：

形若槁骸，心若死灰，真其實知，不以故自持。媒媒晦晦，無心而不可與謀。

彼何人哉？

1 鏌鋣，也就是中國古代兩把寶劍干將、鏌鋣的其中之一。

2 齧缺，傳說中的上古賢人，隱居而不仕。

【白話】

他的身形就像枯槁的骨骸，心猶如熄滅的灰燼，但此人確實擁有實在的知識，卻不因此而傲慢自大。他的生活過得混沌而迷糊，無所用心，也不求功利。這是什麼樣的人啊？

劉琨也寫過這樣的詩句：

天地無心，萬物同塗。

13 廓然無聖

梁武帝問達摩大師：「如何是聖諦第一義？」

摩云：「廓然無聖。」

帝曰：「對朕者誰？」

摩云：「不識！」

帝不契（悟）。達摩遂渡江至魏。

帝後舉問志公和尚，志公云：「陛下還識此人否？」

帝云：「不識。」

志公云：「此是觀音大士，傳佛心印。」

帝悔，遂遣使去請。志公云：「莫道陛下發使去取，闔國人去，他亦不回！」

——《碧巖錄・第一則》

達摩對武帝所問的回答，是對禪之本質的解釋。達摩的回答或許反映了他長達五年的航海經歷。達摩從印度出發，一路上都見廣闊無雲的天，那是一片虛與實的世界。「無聖」一詞提醒我們，禪裡沒有什麼可以論證的理，也沒有天使的歌聲，沒有聖人可拜，沒有精神上的狂喜。禪即我們的日常生活——繫鞋帶、拉弓射箭、飲茶。回想一下，「禪」這個字可以拆成兩個更簡單的漢字：「示」與「單」。

達摩感到在宮殿裡傳法無望，便乘著一根蘆葦渡過長江，在少林寺安身，教僧人功夫。

14 不思善，不思惡

六祖因明上座趁至大庾嶺，祖見明至，即擲衣鉢[3]於石上云：「此衣表信，可力爭耶？任君將去！」

明遂舉之，如山不動，踟躕悚慄曰：「我來求法，非為衣也。願行者開示！」

祖云：「不思善，不思惡，正與麼時，那個是明上座本來面目[4]？」

明當下大悟，遍體汗流，泣淚作禮問曰：「上來密語密意外，還更有意旨否？」

祖曰：「我今為汝說者即非密也。汝若返照自己面目，密卻在汝邊。」

3 衣鉢，獲得師父真傳的象徵。五祖弘忍將衣鉢傳給六祖惠能，而明上座認為六祖應將衣鉢傳給自己。
4 本來面目，禪宗中常用來比喻一個人的天性、佛性。

明云：「某甲雖在黃梅[5]隨眾，實未省自己面目。今蒙指授入處，如人飲水，冷暖自知，今行者即是某甲師也。」

祖云：「汝若如是，則吾與汝同師黃梅。善自護持！」

——《無門關・第二十三則》

善惡，虛實，以及茶具之好壞——一旦陷入二元論的思維方式，看清完整的現實便已無望。《信心銘》中如是寫道：

不用求真，惟須息見。二見不住，慎莫追尋。才有是非，紛然失心。

二由一有，一亦莫守。一心不生，萬法無咎。無咎無法，不生不心。

【白話】

因此，你無需去追求真心，只要消除妄想，把執著妄見放下，才能相應於真心。一旦知道二分、相對的知見都不對、同時能夠不固著於有和空等相對概念時，千萬注意，就別再去管它了。因為，只要有絲毫是與非、對與錯的念頭，便會落進二元對立的妄境，失去清靜的本心。要知道所有的二分和對立都是由「一」而來，但對於這個「一」，也不可執著。如果內心連這個「一」也沒有，自然不會生起妄見和分別，一切諸法皆無是非、好壞、對錯之分。而既然萬法的存在不會阻礙、困擾我們，於是也就無需方法去對治，自然不會再生心起念。

《禪茶錄》在論述「真善」時，引用了《道德經》的以下文字：

5 黃梅，五祖弘忍的道場所在地。

天下皆知美之為美，斯惡已。皆知善之為善，斯不善已。

【白話】

天下人都知道美之所以為美，也因而產生了醜的觀念。同時大家都求美去醜，於是紛爭迭起，反而不美了。天下人也都知道善之所以為善，惡的觀念也因而產生。同時大家都趨善避惡，於是詐偽滋生，結果反而不善了。

15 如雲無心，似水無想

雲與水，水與雲，是道家作品中常見的兩組符號，隨後由禪文學繼承。雲看似來去自由，而水不顧艱阻，湍流不息。兩者都代表了毫不停滯的自由、透明、清爽以及如空般的純淨。

在日本，周遊四方苦行的禪僧被稱為「雲水」。如雲似水，他們帶的行李很少，除了鉢和針線，輕裝上路。他們不在借宿處久留，也不在同一處停留哪怕兩晚。放下我執，是雲遊的第一條規矩，正如俳人芭蕉所吟：

一宿再宿すべからず，暖めざる筵を思べし

一宿成眠莫再念，應思草席還未暖。

在《宋史》中，我們可以看到這樣一句：

作文如行雲流水，初無定質。

中國古詩中一向不乏這些自然元素。晚唐詩人杜荀鶴有詩云：

枿坐雲遊出世塵。

豐干[6]也寫過：

一身如雲水，悠悠任去來。

老子在《道德經》中說：

上善若水。水善利萬物而不爭，處眾人之所惡，故幾於道。

【白話】

上善的人就像水。水能滋養萬物，不和萬物相爭，蓄居在大家厭惡的卑下之處，有這些特質，所以水算是很接近「道」了。

莊子也以獨一無二的方法解釋了如何行為自然，無論你是在禪室還是茶室，道場或任何地方：

孔子觀於呂梁，懸水三十仞，流沫四十里，黿鼉魚鱉之所不能游也。見一丈夫游之，以為有苦而欲死也，使弟子並流而拯之。數百步而出，被髮行歌而游於塘下。孔子從而問焉，曰：「吾以子為鬼，察子則人也。請問蹈水有道乎？」

6 豐干，中國唐代禪僧、詩人，與寒山、拾得關係密切。

曰：「亡，吾無道。吾始乎故，長乎性，成乎命。與齊俱入，與汨偕出，從水之道而不為私焉，此吾所以蹈之也。」

孔子曰：「何謂始乎故，長乎性，成乎命也？」

曰：「吾生於陵而安於陵，故也；長於水而安於水，性也；不知吾所以然而然，命也。」

【白話】

孔子到呂梁山遊覽，見到瀑布高三千丈、水沫濺流四十里，那水勢之大連巨鱉和揚子鱷在當中也無法游動，他卻見到水中有個男人在游著。孔子以為那男人是因為痛苦而要尋死，便差遣弟子隨著水流去救人。豈料那人游了幾百步的距離又冒出頭來上了岸，披著頭髮哼著歌，在塘埂上走著。

孔子趕上前去問他：「我還以為你是鬼，仔細一看才知道是個人。請問你這游泳可有什麼道術？」

那人說：「沒有，我沒什麼道可言。我起初只是順著水性，不知不覺就成功了。順著漩渦進入水流中心，和湧出的流水一同浮出水面，順著水流方向、而不是以自己的意見而游，這就是我的游法。」

孔子問：「你說順著水性，不知不覺就成功了是什麼意思？」

那男子說：「我生在這山間，也就安心住在這山間，我在這水畔長大，也就安心住在這地方，這就是順著本性；我也不知道自己為何會成功，但就是成功了，就是這樣。」

莊子還用雲將的故事[7]描繪了雲的自然狀態：

7 這段是雲將與鴻蒙對話中鴻蒙的回答。

浮遊，不知所求；猖狂，不知所往。遊者鞅掌，以觀無妄。朕又何知！

【白話】

到處遊玩，不知道追求什麼；隨意行動，不知道要去哪裡。遊玩的人自在得意，觀看的範圍無邊無際，我又知道什麼呢？

因此，在茶室、禪室、道場裡，我們都應該像雲和水一樣，自由自在，放下自我意識。當自我意識浮現，「無心」成為刻意追求的結果，那麼行為和行為者的本意就會離得越來越遠了。

入佛易入魔，佛場通魔場。

16 無心歸大道

處理事務時頭腦清醒、無欲無求，這種精神狀態就是「開悟」。這時，你的「道」便不會偏離「大道」。一些膚淺的茶人只看重茶室的規格和茶具的優劣，對此，寂庵宗澤在《禪茶錄》中寫道：

> 禪茶之器非美器、非珍器、非寶器、非古器。圓虛清淨，始為器。禪機茶，持一心清淨以為器。
>
> 一心之器非人可造。天地自然之器，通陰陽輝月森羅萬象百界千如之理。如朗月照佛心，虛靈不昧。

「無心歸大道」的關鍵在於第三個字「歸」。「歸」的原本意義更傾向於「隨」，而非「還」，而此「隨」又非隨某種路徑或跟隨師傅。從語義上來說，「歸」這個漢字最初與婚姻有關，指的是新娘願意跟隨夫君回家。從這個角度來理解，「歸」暗示的是進入一種聯合的狀態，而「無心歸大道」則讓人想到更深層次的精神回歸。

17
一味真

人各有本性，而茶味相同。這「一味」是不問異同的真理，是佛祖所傳佛法，是絕對，是所謂：

唯一無二。

《法華經》中說：

如彼大雲，雨於一切卉木、叢林及諸藥草，如其種性，具足蒙潤，各得生長。

如來說法一相一味。

「一相一味」指的是宇宙萬象與佛祖教誨。大地象徵前者，滋潤萬物的雨水象徵後者。

《法華經》中還有一句，經常出現在一行物中：

一味雨。

雨落萬物，平等無偏，它將生命力賦予每一個有覺或無覺的存在。同樣，佛法的一味真也無所不在，指引所有人走向開悟。

第三章　終日乾乾

18 終日乾乾

若無乾乾[1]，世界不存。乾卦是《易經》中的第一個卦。《易經》裡這樣寫道：「君子終日乾乾，夕惕若厲，無咎。」

《十翼》[2]解釋道：

何謂也？子曰：「君子進德[a]修業。忠信，所以進德也；修辭立其誠，所以居業也。知至至之，可與幾也。知終終之，可與存義也。是故居上位而不驕，在下位而不憂。故乾乾因其時而惕，雖危無咎矣。」

【白話】

這是什麼意思？孔子說：「君子致力於增進品德，建立功業。以忠信為本，增進修養。他修飾言詞以建立誠信，因此保有功業的立足點。知道事物的發展走向，並順應這個走向，如此便能預做最好的準備。知道事物客觀發展的最終結果，並按這個規律行動，便能讓事物各得所宜。因此，位居高位卻不驕傲，處境卑微也不憂愁，所以說，君子自強不息，時時戒慎警惕，那麼處境儘管危險，也不會有災禍。」

同樣的道理在《論語》中也有闡釋，讀起來還有些幽默：

宰予晝寢。子曰：「朽木不可雕也，糞土之牆不可杇也，於予與何誅？」

1 乾乾，自強不息貌。

2 《十翼》，又稱《易傳》，是注釋《易經》的經典之作。

若無乾乾，世界不存；樹不生枝，花不綻放，甚至石難為石。

19 忍是安樂之道

「忍」是這個句子的重點，意為「忍耐」或「容忍」。日語裡，「忍」也可作「隱匿」解，如「忍者」就是指練習隱匿之術的人。

唐朝詩人司空圖有名句曰：「忍事敵災星。」而《論語》中有一句更常用的：「是可忍也，孰不可忍也。」對於較有文化的日本人來說，還有一句耳熟能詳：「忍之一字，眾妙之門。」該句出自中國宋代道學家呂本中。

十七世紀，日本江戶時代前期，儒學家、教育思想家貝原益軒在著作中將「忍」

與快樂、健康相互連結：

古語云：「忍乃身之寶也。」不忍有禍，忍則無災。所謂不得不忍。忍怒，忍欲。養生之道，忍怒、欲也。應守此一字：忍。

武王有云：「忍之須臾，乃全汝身。」《尚書》云：「必有忍，其乃有濟。」

古語又云：「莫大之禍，起於須臾之不忍。」

此忍一字，養身養德之道也。

——《養生訓》

以下這首詩，出自築造江戶城的戰國時代著名武將太田道灌（1432—1486）之手：

野路陣雨過自晴，旅人欲急則濕衣。

20 安其身而後動

此句也出自《十翼》。

這句話的有趣之處就在於，「身」既有「身分」的意思，又指「身體」，而「安」既是「安置」又是「安逸」。「安身」一詞不僅適用於君子，也是習茶、習武之人的理想狀態。

開創日本江戶時代的武將德川家康如是說：

水僅及膝，挽裳至股而渡，似過於慎，然無濕衣之患。

21 太阿寶劍 本是生鐵

《太阿記》[3]收錄了一封澤庵禪師寫給武士道大師的信：

行住坐臥，語裡默裡，茶裡飯裡，功夫不息，急著眼窮去窮來，須直見。月積年久而如，自然暗裡得燈相似。得無師智發妙作用。正此時，只不出尋常之中，而超乎尋常之外，名之曰「太阿」。

此太阿劍人人具足，個個圓成。明之者，天魔[4]怕之，昧之者，外道欺之……

3 《太阿記》是澤庵禪師闡述對劍術「劍禪如一」的想法記錄。

4 天魔，代表人類情欲的惡魔，常使我們分心。

此心境之別。

「太阿」本是中國史書上記載的一把鋒利無比的寶劍，但在澤庵的信中卻有不同的立意。太阿，其意為「無產、短暫、無形」。我們每個人都有斬斷自己的貪欲、仇恨、無知的能力，但只有通過修行，我們才能從一塊生鐵變為一柄利劍。

以下這句也常見於一行物：

本立而道生。

這是一切藝術的根本，也包括生活的藝術。儒家思想對禪有極大影響，這句話在儒家思想裡指的是，只有守孝道，才能重現先人的大道；禪宗裡說的是，一個人全神貫注便能看到大道；茶道和武道中說，一個人只有學好基本、擺正態度，才能日進其藝。

這句話最早出自《論語》：

有子[5]曰：「其為人也孝悌，而好犯上者，鮮矣；不好犯上，而好作亂者，未之有也。君子務本，本立而道生。孝悌也者，其為仁之本與！」

【白話】

有子說：「很少有孝敬父母、尊敬師長，卻好犯上的人；絕對沒有不好犯上，卻好作亂的人。做人要先從根本做起，有了根本就能建立正確的人生觀。孝敬父母、尊敬師長，就是仁的根本吧！」

5 孔子的弟子。

22 無佛處做佛

此句出自《碧巖錄》的一則公案，有兩種解釋，禪宗中指的就是字面的意思：「在沒有佛的地方有一尊佛」。道家說法也是如此。《道德經》中說：

道可道，非常道。
名可名，非常名。
無名，天地之始。
有名，萬物之母。

若不摒棄文字、觀念，便無法接近真相，因為真相隱匿在複雜的解釋之後。這又讓人聯想起一句禪語：

見佛殺佛，見祖殺祖。

拋開你的想法和理想，才有可能生佛。

第二種解釋則與第一種恰恰相反，與努力和毅力更有關：「在沒有佛的地方，造一尊佛。」透過汗水和堅持，展現出自己本有的佛性。

無論何種解釋，都通用於茶道、書道、武道等藝術。

23 不斷行

從植物到有覺之物，再到神明，所有生物都必須努力向前。坐禪並不舒適，我們的思維有如頑猴，遊蕩在冥想的大廳，但我們不斷前行；我們學習並練習茶道中所有的規則，有時會不小心將熱水灑在榻榻米上，但會再次嘗試；我們在道場裡不斷揣摩五步拳法，體內突然湧起一股傻子似的蠻勁，不小心重重擊中師傅。不過（在師傅面無表情的鼓勵下），我們堅持著。

不斷：無止境的，不停止的，堅持，永不言敗，鎮定自若；行：走，練習——從語義上來說，指的是在交叉路口做出決定，並且前行。與「不斷行」有關的是下面這一句。

24
泥多佛大，水漲船高

泥和水都象徵磨難。

泥或陶土越多，能造的佛像就越大；如果水位漲了，浮於水面的船自然會高起。因此，困惑和絕望越多（如果你堅持刻苦努力），覺悟得越深，你的技藝也會越精湛。

在一些佛教傳說中，釋迦牟尼佛經歷了無數轉世，冥想了千年才得以開悟。更接近我們一些的菩提達摩也在牆前坐了九年。就算在健身房中，教練的口頭禪也是「沒有汗水就沒有收穫」。

日本最有名的畫家之一狩野探幽[6]曾被任命為將軍的御用畫師。他受京都妙心寺住持之托，要為妙心寺禪房的頂棚繪一幅龍。探幽向住持誇下海口說這是一樁小事，因為他一輩子畫過無數的龍。在他們飲茶閒談時，住持說：「老衲想要一幅真正的龍，不知施主是否見過真物？」探幽坦言未曾見過。令他震驚的是，住持說寺內就有不少。「請隨老衲來打坐，」住持招呼他說，「稍後便可見龍。」

探幽同意了。他撇開繁忙的日程，每日到寺裡打坐。終於，在三年後的某天，他從墊子上一躍而起，奔向住持。「我看見了！我看見真正的龍了！」他呼喊道。然而住持僅是看了他一眼，問：「祂說了什麼？」

探幽靜靜回到自己的坐墊，繼續集中精力。又過了三年，他終於畫下《雲龍圖》，成為遠東最著名的畫作之一。

瀧 25

這個漢字由三點水和「龍」字組成，同時包含了流動和能量，這在禪、茶、武等藝術中是不可或缺的準則。在藝術中，「瀧」讓人聯想到魚躍龍門圖，象徵著勤勉和努力；在佛教的意象中，它象徵奔流不息的不動明王[b]，常與瀑布連結在一起。日本的修行者會在瀑布底下坐禪，以此磨煉精神——即使是在冬季。

日本平安時代後期的貴族與歌人源俊賴（1055—1129）有和歌云：

6 狩野探幽（1602—1674）為日本江戶時代的京都畫家，善用細化的線條和水墨陰影。

わきかへり
波路へさそふ
滝つせに
たえてもたてる
岩枕かな

一邀白龍潛地游，石阻回瀾浪更高。

靜中有動，動中有靜。精神能量的流動並不與平穩和克制相衝突。

第四章　日日是好日

26 平常心是道

趙州問南泉：「如何是道？」

泉云：「平常心是道。」

州云：「還可趣向否？」[1]

泉云：「擬向即乖。」

州云：「不擬爭知是道？」

泉云：「道不屬知。不屬不知。知是妄覺，不知是無記。若真達不疑之道，猶如太虛，廓然洞豁，豈可強是非也！」

州於言下，頓悟玄旨，心如朗月。

頌曰：

春有百花秋有月，夏有涼風冬有雪。

若無閒事掛心頭，便是人間好時節。

——《無門關・第十九則》

宮本武藏告訴徒弟：

求劍道，著衣裳、舞木劍、揮汗道場為習，起身、睡覺、吃飯，皆為習。

1 本句和隨後二句的意思是「還能再更深入解說嗎？」、「起心動念去想，就違背道的旨意了。」、「不動念去想，怎知是否為道？」

在《南方錄》中，作者南坊宗啓[2]這樣寫道：

茶道不過加水、添炭、煮水、點茶。佛心如此，人亦釋然。

《禪茶錄》如是說：

拿放茶器之間，可觀人之本性，此與坐禪同理。坐禪工夫，不止靜默……來坐立等皆為坐禪要法。茶事如是，行住坐臥，修行不可懈怠也。

27 日日是好日

雲門[3]垂語云：「十五日[a]以前不問汝，十五日以後道將一句來！」

自代云：「日日是好日！」

——《碧巖錄・第六則》

這是禪宗中非常著名的一句話。人的一生中，沒有什麼「好日子」或「壞日子」，

2 南坊宗啓（生卒年不詳），日本茶人，千利休的高徒。

3 也就是雲門文偃，歷史上最偉大也最怪的禪師之一。他不講複雜的理論，而是讓人回歸平凡的日常生活。有人問雲門：「什麼是佛？」雲門那流傳百世的回答是「乾屎橛」，也就是古人用來擦屁股的小竹片。

沒有什麼「好時刻」或「壞時刻」。「好」、「壞」的判斷僅在於我們的內心，內心若正，則沒什麼好、壞之分。晴是晴，雨是雨，風是風，都是完美的。每一天都是一個祝福，是一個開悟的機會，是對自己的磨煉。

這句話也告訴我們，要警惕對於無執的執著。在愉快的日子裡，我們應該開懷暢笑；在陰鬱的日子裡，應接受痛苦並且努力越過挫折。日日是好日，我們不應希冀更多。

28
直心是道場

坦率、透明、正直的心能接納一切事物本來的樣子，無需特別尋找某處去訓練這樣的心性。

我們常認為，磨煉精神意志的場所應是罕有人煙的僻靜之處，但如果你的心深受偏見、幻象折磨，那麼你的道場，也就是修道之處將無處可尋。道場並不是地點的問題。

《維摩詰經》中說，一個年輕的菩薩打算離開吵鬧的毘舍離[4]，搬去一個適合修行的地方。他在路上正巧遇上維摩詰，便問道：「你從哪裡來？」維摩詰回答道：「道場。」這位菩薩十分驚訝，因為他發現維摩詰竟然是在鬧市中修行，於是問：「道場？道場在何處？」維摩詰答道：「直心是道場。」隨後又補充道：「當知直心是菩薩淨土。」

《後漢書》中也有與此相關的句子：

4 毘舍離，古印度地名，佛陀弘揚佛法的主要地點之一。

直心無諱，誠三代[5]之道。

從語源角度解釋「直」這一關鍵字，或許能為理解這個句子提供一點幫助。甲骨文中的「直」，構成它的一部分描繪的是一種裝飾，也可能是紋在眉毛上的護身符、巫咒，用以幫助人去判斷什麼是不直的或不對的；另一部分展現的是圍欄或屏障。因此，「直」是嚴格分辨對與錯的界限。這麼一來，「直心」可以矯正我們內心的扭曲，讓我們看清驕傲和自欺正是我們的阻隔。

29 寒來重衣，熱來弄扇

子曰：「天下何思何慮？天下同歸而殊途，一致而百慮。天下何思何慮？日往則月來，月往則日來，日月相推而明生焉。寒往則暑來，暑往則寒來，寒暑相推而歲成焉。往者屈也，來者信也，屈信相感而利生焉。尺蠖之屈，以求信也；龍蛇之蟄，以存身也。精義入神，以致用也；利用安身，以崇德也。過此以往，未之或知也；窮神知化，德之盛也。」

——《十翼》

【白話】

天下萬物的理路雖不同，但都同歸一個目標，儘管思慮有別，都不脫同一個真理，哪裡要為自己的得失而苦思、焦慮呢？日月交替，運轉不息，由於日月的交互，而使宇宙長明。寒暑交替不已，因而有了四時的變化。日月寒暑的過去，代表著陰

5 三代，指夏、商、周三個朝代。

的潛隱，而日月寒暑的到來，則代表陽的伸展，由於陰陽動靜的相感相推，萬物於是因而各得其利，生生不息。尺蠖在移動前要先屈曲身體，這是為了伸展，龍蛇入冬時的蟄居，則是為了保住自己的身子。這都說明了自然的道理，是先在靜時有所蓄，動時才能有所用，智慧、學問、精神、一切達到入神的境界，是為了要施用於社會人類。研究透徹，把神妙最高的境界弄清楚，智慧到了最高層，知道適應什麼環境，知道怎麼變化。自己本身到達神妙不可思議的境界，自然能夠應付一切變化，就是「德之盛也」，是最高的成果。

雖然此文是儒家所言，比禪宗傳入中國要早一千多年，但所表達的思想卻是相通的，說的正是開悟之人的簡單之處。

30 忘筌

筌者，所以在魚，得魚而忘筌；蹄者，所以在兔，得兔而忘蹄；言者，所以在意，得意而忘言。吾安得夫忘言之人，而與之言哉！

——《莊子・外物》

【白話】

筌這竹編的魚籠是用來捕魚的，捕到魚之後就可以忘了它；蹄這獵兔的網子是用來抓兔子的，抓到後便該忘了它；語言是用來表達意思的，得到意義就可以忘記語言。可是我能到哪裡去找一個忘言的人和他交談呢！

說禪時有一種比喻，講的是一個人乘竹筏過河，上岸後卻還背著竹筏前行。竹筏是用來過河的，我們不可讓它成為上路前進的阻力。

換句話說，任何藝術的規則和工具都不是我們追求的目標，因為藝術是無法由這些定義的。當我們追求某物的本質時，對物質或工具的依戀只會成為阻礙。在《禪茶錄》中有這樣一段話：

禪茶之中，種種名目甚少，無掩人耳目之祕事。若追求表面名目，心思用於搜尋祕傳書物，則難達禪茶真意。

31 諸惡莫作，眾善奉行

這是簡短版的一行物，出自佛經，其完整版是：

諸惡莫作，眾善奉行，自淨其意，是諸佛教。

唐元和年間，詩人白居易任杭州刺史。一日白居易遊於山林，拜訪了道林禪師。白居易說：「禪師居於樹上[6]，十分危險。」

6 道林住在一棵古松上。

禪師答道：「刺史更險。」

白居易說：「我在朝廷為官，位鎮江山，何險之有？」

禪師說：「薪火不停，識性交攻，安得不危？」

白居易又問：「如何禪解？」

禪師答：「諸惡莫作，眾善奉行，自淨其意，是諸佛教！」

白居易說：「三歲小兒亦知。」

禪師說：「三歲孩兒雖道得，八十老翁卻行不得。」白居易敬而行禮。

——《道林語錄》

這個故事在禪人和茶人之間十分有名。下面這段則出自《南方錄》：

或問爐與風爐、冬夏茶湯之心得祕傳於利休，利休道：「冬暖，夏涼，炭沸水，茶如衣，恰到好處。此乃祕事也。」問者不滿：「人盡皆知。」利休又道：「且將吾言記心頭，辦茶會，吾為客，若萬事皆如吾言，吾甘為弟子。」

逢笑嶺和尚[7]同坐茶會，笑嶺道：「利休所言極是。唐鳥窠禪師[8]有言：『諸惡莫作，眾善奉行。』同理也。」

32 洗心自新

茶會中，主人需要打掃客人必會經過的幾塊飛石，客人在進入茶室前需要洗手。日本的佛寺和神社入口處都設有洗手台，人們認為只有將自己洗淨後才能得到佛祖

7 笑嶺和尚，笑嶺宗訢（1504—1583），日本大德寺第一〇七代住持。
8 鳥窠禪師（735—833），也就是那位住在古松上的道林禪師。

或神明的庇護。這與衛生無關，而是一種內心的轉變。

諸橋轍次[9]是《大漢和辭典》的主編，該辭典共十三卷，其中對「洗心革面」一詞有詳細的解釋。諸橋認為，詞中的「革」字源於《易經》中的「革」卦，代表改變或進化。革卦由主卦「火」和客卦「澤」組成，雖然水火不容，但這兩個元素都帶有淨化的意味。與「革」卦有關的卦辭如是說：

革而當位，故悔乃亡。天地革而四時成。

需要強調的是，「革」可作兩解：改良或改革。我們潔淨內心也有此二方。《象》解此卦：

澤中有火，革。君子以治曆明時。

這或許說的就是人的「為」與「無為」。人每天的心境都在不斷更新。

33
天命之謂性，率性之謂道，修道之謂教

這是儒、釋、道三家共通的核心教義。天賜予我們本性，我們跟隨本性生活，就是道。我們修養、規範自身，踐行、掌握道，就是教育。

這句話出自《中庸》，全文如下：

9 諸橋轍次（1883—1982），日本學者、漢字研究者。

天命之謂性，率性之謂道，修道之謂教。

道也者，不可須臾離也，可離非道也。是故君子戒慎乎其所不睹，恐懼乎其所不聞。

莫見乎隱，莫顯乎微。故君子慎其獨也。

【白話】

上天賦予人的本質就是本性，遵循本性而為人處事就是道，修正道的過與不及之處，讓一切能合乎正道，那就是教化。這個正道是片刻都不能偏離的，如果可以偏離，那就不是正道了。也因此，君子在沒人會看到的地方更是謹慎行事，在沒人會聽到的地方，更是戒慎恐懼。最隱暗之處也是最容易被發現的地方，最細微的事物，也是最容易顯露的。因此君子在獨處時更要謹慎。

壽 34

「壽」暗示的是接受漫長生命的態度，也意味超越生死輪迴。《史記・老子韓非列傳》中評價老子：

以其修道而養壽也。

不過，道家看待事物有多個不同的角度，有教養的茶人一定十分熟悉以下這句：

壽則多辱。

——《莊子．天地》

以及：

天下有至樂無有哉？有可以活身者無有哉？今奚為奚據？奚避奚處？奚就奚去？奚樂奚惡？

夫天下之所尊者，富貴壽善也；所樂者，身安厚味美服好色音聲也；所下者，貧賤夭惡也；所苦者，身不得安逸，口不得厚味，形不得美服，目不得好色，耳不得音聲。若不得者，則大憂以懼，其為形也亦愚哉！

夫富者，苦身疾作，多積財而不得盡用，其為形也亦外矣。夫貴者，夜以繼日，思慮善否，其為形也亦疏矣。人之生也，與憂俱生，壽者惛惛，久憂不死，何苦也！其為形也亦遠矣。烈士為天下見善矣，未足以活身。吾未知善之誠善邪，誠不善邪？若以為善矣，不足活身；以為不善矣，足以活人。故曰：「忠諫不聽，蹲循勿爭。」故夫子胥爭之以殘其形；不爭，名亦不成。誠有善無有哉？

今俗之所為與其所樂，吾又未知樂之果樂邪，果不樂邪？吾觀夫俗之所樂，舉群趣者，誙誙然如將不得已，而皆曰樂者，吾未之樂也，亦未之不樂也。果有樂無有哉？吾以無為誠樂矣，又俗之所大苦也。故曰：「至樂無樂，至譽無譽。」

天下是非果未可定也。雖然，無為可以定是非。至樂活身，唯無為幾存。請嘗試言之。天無為以之清，地無為以之寧，故兩無為相合，萬物皆化。芒乎芴乎，而無從出乎！芴乎芒乎，而無有象乎！萬物職職，皆從無為殖。故曰天地無為也而無不為也，人也孰能得無為哉！

——《莊子．至樂》

【白話】

天下有沒有極樂的事？有沒有可以存活身形的東西？現在應該做些什麼，又依據什麼？迴避什麼、又安心什麼？靠近什麼、又捨棄什麼？喜歡什麼、又討厭什麼呢？

世人尊崇的是富貴、長壽和善名；喜歡的是身體安適、豐盛餐食、華美衣飾、絢麗色彩和悅耳樂聲。世人認為低下的是貧窮、卑微、短命和惡名；痛苦煩惱的是身體無法舒適安逸、嘗不到美味佳餚、穿不到漂亮衣飾、見不到絢麗色彩、聽不到悅耳樂聲。要是得不到這些，就大為憂愁和擔心，以上種種對待身形的作法，實在萬分愚蠢啊！

富人勞累身形勤勉工作，積累了大量財富卻無法盡數享用，這樣就太不看重身體了。高貴的人夜以繼日地苦苦思索如何保住權位和厚祿，這樣也就太忽略身體了。人降生於世，也一併產生了憂愁，長壽者鎮日昏沉，長久處在憂患當中而不死去，會是多麼痛苦啊！那樣就太疏遠身體了。烈士為了天下而忘身殉國，自己卻無法存活。我不知道這樣的行為是真正的好，還是實在稱不上好呢？如果認為這是好行為，但他無法存活自身；如果認為這不是好行為，此舉卻又能讓他人得以存活。所以說：「忠誠的勸諫若不被接納，那就退到一旁、別再爭諫吧。」伍子胥忠心勸諫，卻招致身受殘戮，但他若沒努力去爭諫，也就不會成就忠臣的美名。那麼，果真又有所謂的好，還是沒有呢？

如今世俗所為、所愛的，我又不懂那快樂是真快樂，還是不快樂了？我觀察到，世人無不追逐那些世俗所喜愛的東西，拚命的模樣真像是不達目的決不罷休。人人都說這就是最快樂的事，而我並不認為那就是快樂，當然也不認為那不是快樂。那麼，世上果真有快樂、還是沒有呢？我認為啊，無為就是真正的快樂，但這又是世人最痛苦和煩惱的。所以說：「最大的快樂就是沒有快樂，最大的榮譽就是沒有榮譽。」

天下的是非的確是未能確定的。儘管如此，無為的觀點和態度倒是能確定是非。

最大的快樂是讓自身存活，而唯有無為算是最接近讓自身存活的了。請讓我說說這一點。蒼天無為，因而清虛明澈；大地無為，因而濁重寧寂，天與地兩個無為相互結合，萬物就能變化生長。恍恍惚惚，不知道從何處生出！惚惚恍恍，毫無痕跡！萬物繁多，全都是從無為中繁衍生殖而出。所以說，天和地自清自寧，無心去做什麼，卻無所不生、無所不做，而世人又有誰能做到無為呢！

因此，「壽」既令人歡喜，也令人擔憂。人都希望長壽，但我們應注意如何為此做好準備。

第五章　看腳下

35 看腳下

再沒有比這更清楚的教誨了。我們的真本性不在天邊，而在你我每個人的心裡。有趣的是，「腳下」一詞除了字面意思，還用作指稱「現在」。「看」這個漢字的樣子，是把手抬在眼睛上方，就像一個人在眺望遠處。它的含義在禪、茶、武中顯而易見。

同樣的，為了理解、並跟上這個瞬息萬變的世界，我們必須去直接感受它。人為的精神構建、觀念、猜測只是我們與其他萬物之間的阻礙。沒有這些阻礙，也就沒有二元論，我們就能達到禪宗所說的「無一無二」。

因此，真諦離我們並不遙遠，我們無須遠渡重洋到印度或日本尋找。佛即在我們心裡。為了強調這點，很多禪寺入口處都會有一個標語：「請脫鞋並放在此處」。

看腳下。

還有一類似的句子：

照顧腳下。

不要對顯而易見的事物視而不見。

36 蓬萊山，在何所

據說，蓬萊山位在中國渤海東面的仙島上，在山東半島的遠方，上面住著不老不死的仙人，這位仙人擁有傳說中的長生不老藥。公元前二、三世紀，貴族、甚至君王都派出人馬去找蓬萊仙島，想尋求長生不老藥。大約在公元前二二〇年，終於有一位領隊說服了秦始皇相信他真能找到蓬萊仙島，並將其收歸秦國，為此，他需要三千童男童女（以及兩名道士）。大船在隆重的送行儀式中起航，從此一去不復返。

天堂何在？在內在外？禪師告訴我們，當我們坐禪時，蓬萊就在我們臀下，而那三千童男童女會妨礙我們到達。我們的旅途不需要皇帝的批准。你如果沒有打坐的圓墊，可以改鋪一張毯子；如果沒有師父指引，圖書館裡也有許多關於打坐的書籍；如果沒有一同修行的人，你的狗可以陪伴。

梭羅說，一個人放得下的事越多，就越富有。蘇格拉底第一次逛雅典市場，看到琳瑯滿目的商品後張開雙臂感嘆：「誰能想到，這裡竟有這麼多我用不到的東西呀！」

37 喫茶去

師[1]問新到：「曾到此間麼？」

曰：「曾到。」

師曰：「喫茶去。」

又問僧，僧曰：「不曾到。」

師曰：「喫茶去。」

後院主問曰：「為甚麼曾到也云喫茶去，不曾到也云喫茶去？」

1 指趙州從諗禪師，詳見前文第六十一頁。

師召院主，主應喏。

師曰：「喫茶去。」

——《五燈會元》

茶室掛此一行物，是為了讓主客專注於正在做的事上。對修禪者來說，佛土並不在遙遠的西天，而是在眼前，在飲茶者全神貫注的瞬間。是否在寺院出家並不重要，禪在我們一步一步的努力中，淨土就在我們腳下。

《碧巖錄》中還有一則略微複雜的公案：

長慶有時云：「寧說阿羅漢有三毒，不說如來有二種語。不道如來無語，只是無二種語。」[2]

保福[3]云：「作麼生是如來語？」

慶云：「聾人爭得聞。」
保福云：「情知爾向第二頭道。」
慶云：「作麼生是如來語？」
保福云：「喫茶去。」

飲茶，醒來，腳踏實地。另一相關的句子是：

且坐喫茶。

2 長慶，指長慶慧稜禪師（854—932）。阿羅漢，小乘佛教所理想的最高果位。阿羅漢只做應做之事，斷絕一切嗜好、情欲，擺脫了煩惱，死後可涅槃。三毒，一切痛苦的根源：貪、嗔、痴。如來：如來佛。二種語，一為「世語」，絕對真理；二為「出世語」，未準備好接受絕對真理者首先接觸的真理。

3 保福，指唐代禪僧保福從展。

如此，你對身邊的每一個人說「喫茶去」，無論他們是敵是友，是貧窮還是富有，是上等還是下等。二元論只存在於我們的心裡，並不存在於你所處的實相。

露 38

露，表露、顯露、暴露、露出、揭露；是坦白的，直率的，或裸露的。當「露」在日語裡發音為「tsuyu」時，它指的是露水，意味著無常。

通往茶室的小徑和庭院叫作「露地」，讓人遐想到小路上的露水，同時也暗示我們的生命轉瞬即逝，一切都在此時此刻表露無遺。因此，露地是一個能讓人變得坦率的地方。在茶道理念中，這條小徑應是簡單、樸實的——一條飛石鋪成的路、一些尋常的樹，還有茵茵青苔。這些都應與佛的顯現化身一般，毫無隱瞞。如此，露地應是一個潔淨靈魂的場所，經過露地後，人格才可能在茶室中顯現出來。這再次提醒我們，「禪」這個字，是由「示」與「單」組成。

其他傳統藝術也是一樣，無論書道、劍道、花道，據說每一筆、每一劍、每一朵花或一片葉的位置，都能顯露習者的質地。

「露」這一字還讓我想起《方丈記》的開頭。《方丈記》是每一個日本學生都要學習的古典隨筆，作者是鴨長明，完稿於一二一二年，描寫的是人生無常及閒居生活的樂趣。其開頭如下：

川流不息，然其水非原水。浮沫漂於積水，此消彼起，未可久存。世人之於居所，亦是如此。

人與居所，競相逝去，無異於牽牛之露。或有露墜而花存，然日出則凋矣。或有花謝而露未消，然其不迨日暮矣。

39 欲得現前，莫存順逆

但莫憎愛，洞然明白。
毫厘有差，天地懸隔。
欲得現前，莫存順逆。
違順相爭，是為心病。

——《信心銘》

這又是一條告誡二元思維和墨守成規的禪語。如果茶人過分在意規矩和禮儀，很有可能忽視了客人，失去共同飲茶的意義。習劍之人若過分拘泥於所學的形式和劍法，那麼對手出其不意時，就無法臨機應變。

澤庵禪師在給劍術大師柳生宗矩的信中說，心應如溪中瓢，順水沉浮，永不停息。瓢在水中，沉於此，浮於彼，復而繼之。

40 眼前是什麼

這是以下這個句子的完整版本，問的都是：在你眼前的是什麼？睜大眼睛，並試著不要妄加評論。

是什麼？

此言出自《碧巖錄·第五十一則》：

垂示云：才有是非，紛然失心，不落階級，又無摸索，且道放行即是？把住即是？到這裡，若有一絲毫解路，猶滯言詮。尚拘機境。盡是依草附木。直饒便到獨脫處，未免萬里望鄉關，還構得麼？若未構得，且只理會個現成公案。試舉看。

舉，雪峰[4]住在庵時，有兩僧來禮拜，峰見來，以手托庵門，放身出云：是什麼？僧亦云：是什麼？峰低頭歸庵。僧後到岩頭[5]，頭問：什麼處來？僧云：嶺南來。頭云：曾到雪峰麼？僧云：曾到。頭云：有何言句？僧舉前話，頭云：他道什麼？僧云：他無語低頭歸庵。頭云：噫，我當初悔不向他道末後句，若向伊道，天下人不奈雪老何。僧至夏末，再舉前話請益。頭云：何不早問？僧云：未敢容易。頭云：雪峰雖與我同條生，不與我同條死。要識末句後，只這是。

頌云：

末後句，為君說，明暗雙雙底時節。

同條生也共相知，不同條死還殊絕。

還殊絕，黃頭碧眼須甄別。

南北東西歸去來，夜深同看千岩雪。

最後，禪僧賣茶翁[6]有一幅書法作品道：

4 雪峰，即雪峰義存禪師（822—908），「雪峰」是他弘揚禪法所住的山名。

5 岩頭，指岩頭全豁禪師（828—887）。

6 賣茶翁（1675—1763），日本禪僧，因在京都賣茶以及與風雅之客結交而得此名。

見聞覺知
起居動靜
是什麼

41 撥水求波

我們在尋找事物的意義時，往往會忽略了「去尋找」這種想法本身，或者忽略了現實其實都是由我們的大腦創造出來的。這種說法除了禪，還適用於很多地方。

空海禪師寫道：

風水龍王一法界
真如生滅[7]歸此岑[a]

以及：

凡夫炫著幻男女，外道狂執蜃樓臺
不知自心天與獄，豈悟唯心除災禍[b]

說得更明白些，與下面這句中國俗語相通：

7 真如，梵文Tathata的意譯，與「實相」、「法界」同義。生滅，意指因緣和合而有，離散而無。

騎驢找驢。

戴著眼鏡找眼鏡，拿著鑰匙找鑰匙，我們誰沒有過這樣的經歷呢？

第六章　無可無不可

42 即心即佛

馬祖因大梅[1]問：「如何是佛？」

祖云：「即心是佛。」

無門曰：若能直下領略得去，著佛衣，吃佛飯，說佛說，行佛行，即是佛也。然雖如是，大梅引多少人錯認定盤星。爭知道說個佛字，三日漱口。若是個漢，見說即心是佛，掩耳便走。

頌曰：

青天白日，切忌尋覓。更問如何，抱贓叫屈！

——《無門關·第三十則》

所以，只要我們醒悟，佛就在我們心中。不過，也有下面這樣一句禪語：

非佛。

43 非佛

馬祖因僧問：「如何是佛？」

1 大梅（752—824），唐代僧人。馬祖（709—788），常稱馬祖道一，禪宗洪州宗的祖師。

祖曰：「非心非佛。」

無門曰：若向者裡見得，參學事畢。

頌曰：

路逢劍客須呈，不遇詩人莫獻。逢人且說三分，未可全施一片。

——《無門關・第三十則》

如何理解這則公案？心是佛？佛是心？非心是佛？那非佛又是什麼呢？

禪裡有一句話是「說則錯，不言則惑」。馬祖的弟子自在禪師是這麼理解的：

即心即佛，是無病求病句。

非心非佛，是藥病對治句。

南泉被問到相同的問題時，這麼回答：

非心非佛非物。

我們越是比較，越是咬文嚼字，就離真理越遠。

44 無可，無不可

逸民：伯夷、叔齊、虞仲、夷逸、朱張、柳下惠、少連。子曰：「不降其志，不辱其身，伯夷、叔齊與！」謂：「柳下惠、少連，降志辱身矣。言中倫，行中慮，其斯而已矣。」謂：「虞仲、夷逸，隱居放言。身中清，廢中權。我則異於是，無可無不可。」

——《論語‧微子》

【白話】

隱士：伯夷、叔齊、虞仲、夷逸、朱張、柳下惠、少連。孔子說：「不降低自己的理想，不屈辱自己的身分，是伯夷、叔齊吧？」說柳下惠、少連是「降低志向、屈辱身分，但說話合乎倫理、行動合乎理智，他們只做到這些。」說虞仲、夷逸「隱居起來，言論自由，自身保持清白，辭官合乎情理。」最後說：「我和他們不一樣，這樣也行，那樣也行。」

比較是不可取的，當我們比較他人時，我們自身和現實之間便有了裂痕，出現了絕對與直觀。在《禪茶錄》中也有類似的記載：

法是無我，然人各有其趣，己所作萬事皆好，輕侮他人，立我而止於偏見。

宮本武藏在《五輪書》中說了同樣的道理。他的話不僅適用於劍道，也適用於任何一門藝術：

傳多技於人，此乃販道也。以技法之多，引人好奇，此兵法所不齒。制人之法繁多，心迷也。

雖然宮本武藏總是用一柄木劍而非鐵劍，但他認為劍客應臨機應變，根據情況拿任何東西當武器。他一定很欣賞下面這句：

利劍不如錘。

45 利劍不如錘

鋒利的劍能刺入對手的胸膛，但要在木板上釘釘子時便派不上用場。道家認為世間萬物各有其德，背離其德，便會偏離其道。

今夫斄牛，其大若垂天之雲，此能為大矣，而不能執鼠。

——《莊子・逍遙遊》

【白話】

還有那犛牛，那身軀大得就像天邊的雲，牠的本事可大了，但就是無法抓老鼠。

> 夫水行莫如用舟，而陸行莫如用車。以舟之可行於水也，而求推之於陸，則沒世不行尋常。
>
> ——《莊子・天運》

【白話】

在水上行動最好的莫過於用船，在陸地行動最好的莫過用車。因為船能在水上行動，而要求在陸地上推著船走，那麼一輩子也走不了多遠的。

吉川元春（1530—1586）是日本戰國時代的武將，他用另一種方式闡述了這個道理：

有勇無謀，或成猛士，卻無大將之器。千兵之將者，定有過人謀略，而非小勇也。

還有一句日本老話也是這個道理：

湯勺替代不了挖耳勺。

46 長者長，短者短

長者是長佛，短者是短佛。從實用的角度來說，樹墩可作打坐墊，裂杯可當喝茶碗，米缸之蓋可為盾。

雖然，形氣異也，性鈞已，無相易已。生皆全已，分皆足已。吾何以識其巨細？何以識其修短？何以識其同異哉？

——《列子・湯問》

青松高百尺，綠蕙低數寸。同生大塊間，長短各有分。
長者不可退，短者不可進。若用此理推，窮通兩無悶。

——白居易

這些說法都讓我想起鴨子的一雙短腿。如果硬要將短短的鴨腿拉長，只會讓鴨子受傷。同樣的，如果我們覺得鶴腿太長而要將鶴腿削短，鶴也就成了殘疾。世間每一個現象都有它存在的道理，在道家的世界裡，萬物都有自己的「德」。因此，我們必須克服自我的好惡、意見、成見，去尋找事物真正的價值。

由此，我們可以聯想到一句出自中國禪宗典籍《人天眼目》的句子：

頭頭無取捨，處處絕親疏。

47 頭頭無取捨，處處絕親疏

《碧巖錄．第四十二則》中講，禪師龐居士（740—808）頓悟後，以一偈詞解釋道：

日用事無別，唯吾自偶諧。

頭頭非取捨，處處沒張乖。
朱紫誰為號，青山絕點埃。
神通並妙用，運水及搬柴。

我們一旦領悟事物的本性——禪中事物的本性往往是無我、無常——會發現完全沒有必要做取捨，也不需要表現親切或冷漠。從這個角度來講，儒家的「仁」和佛家的「慈悲」可以應用於任何事物。

達摩在《達摩血脈論》[2]中如是說：

欲真會道，莫執一切法；息業養神，余習亦盡。

2 《達摩血脈論》，是一篇佛教禪宗論文。

對事物的區分只會讓我們內心的價值觀擾亂我們的視野，而這些價值觀不過是相對的。如果不去評價，茶人便可看到一只有缺口的茶碗的美；劍客得以拿任何東西充作武器，並給出果斷一擊。

48

他馬莫挽，他弓莫牽

東山演師祖曰：「釋迦、彌勒猶是他奴。且道，他是誰？」

無門曰：若也見得他分曉，譬如十字街頭撞見親爺相似，更不須問別人，道是與不是。

頌曰：

他弓莫挽，他馬莫騎，他非莫辨，他是莫知。

——《無門關．第四十五則》

這讓人聯想到一句日本諺語：

效鵜之烏。

用鵜鶘捕魚在東亞一度十分常見，如今在中國和日本某些地區也仍保有這個傳統。漁民在夜裡划船進入河流深處，船頭掛著大燈籠或火把，魚受光亮吸引，向漁船游來。當牠們靠近漁船時，漁民便放出腳上拴著繩子的鵜鶘，由牠們潛入水中捕魚。

烏鴉是出了名的模仿高手，但烏鴉並不善水。牠們要是模仿鵜鶘，很有可能會被淹死。可見，每個人都應順應自己的本性、天賦或其他受過訓的技能。如果你是鵜鶘，就好好當鵜鶘；如果你是烏鴉，請好好做烏鴉。

同樣的，當一個學禪之人向師父表述自己對某則公案的理解，他的回答應源於自身的思考。如果師父察覺學生可能借鑒了他人之見，那麼師父可能真的會給學生來個「三十棒」[3]。

3 出自德山禪師公案中的「道得也三十棒，不道得也三十棒」。

第七章　和而不同

49 雲月是同，溪山各異 萬福萬福，是一是二

此句出自《無門關．第三十五則》最後的頌詞，其公案原文如下：

> 五祖問僧云：「倩女離魂[1]，哪個是真底？」
>
> 無門曰：若向者裡悟得真底，便知出殼入殼，如宿施捨。其或未然，切莫亂走，驀然地水火風一散，如落湯螃蟹七手八腳。那時莫言不道。

此詩受一則民間傳說啓發，十分有名。故事起源於唐朝，說的是一個女子的魂

離開了身體。這個故事有多種版本，包括《還魂記》、《離魂記》和《牡丹亭》。隨著中國民間傳說流入日本，這則故事在日本江戶時代廣為人知。內容大致如下：

倩娘與王宙青梅竹馬，本應在成年後喜結連理。然而倩娘到了適婚年齡，父親卻將她許配給別人。倩娘與王宙傷心欲絕，王宙不忍眼睜睜看著心愛的人嫁作他人婦，便在某個夜晚獨自乘船離開小鎮。船沿著河道前進，王宙突然發現倩娘沿著河岸匆匆趕來。他欣喜若狂，便將倩娘接上船，兩人私奔至遠方。

數年後，倩娘思鄉甚切，很想回家探望父親。王宙同意了，兩人一同回到老家。王宙想先向倩娘父親謝罪，便將倩娘留在船上。但當他解釋來龍去脈時，倩娘的父親十分不解。他帶王宙來到倩娘的閨房，讓他見一位女子。王宙看後大驚，

1 倩女離魂，指的是年輕貌美的女子之死。

那分明就是倩娘！倩娘父道，在王宙走後，倩娘便不會言語了，一直臥床不起。倩娘父彎腰向倩娘說明剛才的事，她卻馬上醒過來，高興地下床去見王宙的妻子。兩位女子一見面，瞬間合為一人。

倩娘父這下明白了，王宙走的那天，女兒的魂也跟著他走了，今天王宙回來，女兒的魂[a]也就回來了。

倩娘自身並不知道自己已昏迷多年，也不知道到底哪一個是真正的自己——是跟隨王宙走的那個，還是在家鄉臥床多年的那個？

如果我們說世界是一，我們就忽略了相對現實，那無窮多的石頭、河流、人和鵜鶘；如果我們說世界為二，我們就忽略了一切事物的本質。世界是一是二？答案應是：

萬福萬福，是一是二。

50 和而不同

儘管你很珍惜和諧的狀態，也尊敬與他人的關係，可是當你對這關係習以為常之後，便容易變得有失尊重。「二為一」與「一為二」並不相同。「和而不同」出自《論語》，完整版本如下：

君子和而不同，小人同而不和。

——《論語・子路》

日本戰國時代的軍事將領都是有識之士，他們或許有時自負和頑固，但都明白自己一人之見必然會有瑕疵，因此十分重視他人的建議。謀士的阿諛奉承不是這些將領想要的，更何況奉承之語一般並不正確。

某日，武將堀秀政私服出府，在城裡立起一塊木牌，讓百姓在上面留字，批評自己的執政。他的家臣並不知道堀秀政的這個舉動，因此發現這片木牌時十分震驚，建議秀政要找出立牌者予以嚴懲。然而秀政仔細讀過木牌上的批評，正襟漱口，向其行了三次禮，而後對家臣說：「你們當中還有人能如此進諫於我嗎？這是上天賜予我的無價之寶。木牌上所寫的都是我們的財富啊。」b

德川家康也說過：

家臣敢諫君主之過，遠勝武將敢為千軍之先。

51 大道無門，千差有路 透得此關，乾坤獨步

此句出自《無門關》。

雖然禪宗、茶道、武道各有千萬流派，但都只有一個基本。《無門關》的序詞是這樣寫的：

> 佛語心為宗，無門為法門。既是無門，且作麼生透，豈不見道？從門入者，不是家珍，從緣得者，始終成壞，恁麼說話？大似無風起浪，好肉剜瘡，何況滯言句，覓解會，掉棒打月，隔靴爬癢，有甚交涉。

如果你的決心一如奔騰的河流，你即可不顧危險，跨越一切阻礙。八臂哪吒[2]雖會擋住你的去路，但你不會因此而停滯。甚至那二十八個印度人和六個中國人[3]都只能在你的奔流下求饒。但你若是有一絲猶豫，一切就會像白駒過隙，忽然而已。

52 一見四水

雖然水就是水，但對於不同的人來說，卻有不同的意義。於神，水是珠寶；於人，水是飲品；於惡鬼，水如血；於魚，水是棲息的家園。角度和經歷不同，看見的事物也會不同。我們為什麼要進禪堂，進茶室，進道場？我們在尋找什麼？

道元禪師在《山水經》中闡述了這個問題：

水，非強非弱，非濕非乾，非動非靜，非冷非暖，非有非無，非迷非悟。結冰則硬比金剛石，無人能破。融化則柔似乳水，無人能破。正因如此，不可懷疑現成所有功德。片刻，十方之水應以十方之眼看。不應只參學人天所見之水，應參學水之水，因水即是水之修證。

但現實是否僅因思想不同而不同呢？並非如此。

2 哪吒，毘沙門天之子，常被描繪成三頭六臂或八臂的形象。
3 二十八個印度人是指西天二十八祖，最初的二十八位禪僧。六個中國人，指禪宗六祖，中國禪宗的六位祖師，菩提達摩（雖然是印度人）是一祖，惠能是六祖。

（文益）雪霽辭去，地藏[4]送之，問云：上座尋常說，三界唯心，萬法唯識。乃指庭下片石云：且道此石在心內，在心外？師云：在心內。地藏云：行腳人著什麼來由，安片石在心頭？

——《大法眼文益禪師語錄》

53 理事不二

道理是真實的、絕對的、相等的；現象是明瞭的、相對的、不同的。但同時，相等也是不同，道理和現象既不絕對也不相對。

理比事先，體比劍先，此乃術之弱點。因對敵求其事理也。臨機應變之事，不應思量而動，應以自然之理，不假思而變，不假量而應也。故我敬應我之理，而不思慮分別。

心不亂，勝無疑。應識本分正位。學此法者，心行如此。學至高上，則無心不亂、敬一理之別也。內外打成一片，無善又無惡。千刀萬劍唯心定，十方貫通變自在。是離一心之傳授，而達別傳之位矣……

千變萬化由其一。一是無形之全體。譬如水，水無常形，故方圓皆可容……故，劍在事在，事在理在。心為事本，體為劍本……

劍體本來之正在事理執行之功。

——《一刀齋先生劍法書》[5]

4 地藏，指地藏桂琛禪師（867—928）。

5 《一刀齋先生劍法書》與下則的《天狗藝術論》皆是江戶時代論劍道的著作。

有一句更簡單的短語：

理事具備。

理是本，事是象，萬物都在此二元中。

54 鞍上無人，鞍下無馬

問：「何為動而不動，靜而不靜？」

曰：「人是動物，不能不動。日用人事，應用多端，然不為此心物而動、無欲無我之心體，是泰然自若。

「以劍而論，以寡敵眾，不知往左往右時，生死神定，不為敵眾而動，是動而不動。

「汝可曾見騎馬否？善騎者，馳馬東西，而心泰形靜。騎者抑馬邪性而順其天性，外見如人馬一體。故人跨鞍上，是馬主，然馬以己動，無困苦。人忘馬，馬忘人，人馬精神合一互不分離，則可說『鞍上無人，鞍下無馬』也。

「此乃淺顯可見一例。」

——《天狗藝術論》

沒有人在騎，沒有物被騎，我與他皆無形。以此法持茶碗或劍，則手中無一物。

55 處處真，處處真，塵塵盡是本來人

此句出自《圓悟語錄》。

無論到哪兒，真理都是明白無誤的。沒有什麼不是你的本來面目。因此，茶室裡有茶具，道場裡有武器。再次引用《禪茶錄》中的話：

禪茶之器非美器、非珍器、非寶器、非古器。圓虛清淨，始為器。禪機茶，持一心清淨以為器。

「塵」字，詞源上指的是鹿蹄揚起的土，在中國和佛教文學中常用來指物質世界和其中的一切：我們的貪欲、性欲、憤怒、自大。「六塵」這一概念更為深入，說的是我們的感官（色、聲、香、味、觸、法）是導致我們煩惱的根源。

禪宗卻不這麼認為。禪宗教導我們「六塵」不淨，是因為我們視其不淨。感官顯示了我們真實的人格，而根據真言宗教義，這些感官本身就是覺悟。

56

春色無高下，花枝自短長

此句出自《嘉泰普燈錄》。

這是對於自然、或者說無意識的自我創造的完美譜寫。它對應的拉丁語是「*natura naturans*」，意為「自然自會運轉」，而非「*natura naturata*」——「自然已經完成」。

這句話讓我想起茶室的構造，那種對於自然界不對稱之美的重視。一些最珍貴的茶碗也符合這一審美準則。這些珍貴的茶碗啓發了我們反思自身的缺點，證明我們完美地不完美著，你我皆是宇宙中獨一無二的存在。

第八章　山是山，水是水

57 山是山，水是水

青原[1]說：「參禪之初，看山是山，看水是水；禪有悟時，看山不是山，看水不是水；禪中徹悟，山是山，水是水。」

以事物本來之貌觀之，得現實之相。

對於以宗教、哲學、唯心的視角看待事物，我們一定要警惕。起初我們看見真相，學習多年後，我們會看見真理。不過，唯有脫離了一切看待事物的觀念後，我們才能看到真相或真理。

在禪文學中，我們讀到禪師在開悟後離開他修行的山頭，回到俗世與鄰人共同生活。

在武道中，柳生宗矩認為一個人的勤奮努力可以超越任何技術。他如是寫道：

雖有祕傳、絕技，若心為技所困，則必敗。除有無，將其化為己用。

——《兵法家傳書》

不僅僧人、習茶者和習武者有這樣的想法，柳生在書中還引用了一位妓女寫給一位僧人的詩：

聽聞師父已棄世，

願僧心不在此留。

1 青原（660—740），六祖惠能的繼承者。

「山是山，水是水」出自《碧巖錄．第六十二則》，全偈如下：

天是天
地是地
山是山
水是水
僧是僧
俗是俗

任何一種象都有自己的性、德、實，我們不應拿一說二，忽視它真實的樣貌。

但這並不代表它們應單獨存在。《易經》第十二卦「否」象徵天地，講的是一種停滯、受阻隔的凶兆。《象》曰：

天地不交，否；君子以儉德辟難，不可榮以祿。「拔茅」「貞吉」，志在君也。

「大人否，亨」，不亂群也。

當茶室裡只有貴族、首領、武士、富商時，他們不會試圖理解對方，因而不會產生共鳴，沒有真正的交流，氣氛凝滯。當道場裡只有最優秀的學生或初學者，則沒有切磋的空間。一個人只思考而不實踐，並不能進步。天是天，地是地，山是山，水是水，僧是僧，俗是俗。但若它們單獨存在，就失去了意義。無河哪有山？無俗哪有僧？

58

天高無涯，鳥飛如鳥

人與飛鳥，以及世間萬物，都各有天命。若各安天命，不失道，不失和諧與安寧，自然會得到尊重。天無限，我們自身雖有不及，所作所為卻不受阻礙。

鳥飛高空，魚游深水，鳥和魚沒有意識到自己在這麼做。所以，鳥和魚都不知道自己能飛或能游。一旦牠們明白了自己正在做什麼，或許就會摔落或淹死。人的腳能走，手能握，耳能聽，眼能看，這些就像魚能游、鳥能飛。人的走、握、聽、看都適時發生，先發於想。如果每個動作都是思考後的結果，人就太累了。因此，那些自然作為的人能夠長壽，那些始終堅守自然而然規範的人能勝出。a

有一句與此意思相符的句子：鳶飛戾天，魚躍於淵。

《詩》云：「鳶飛戾天，魚躍於淵。」言其上下察也。君子之道，造端乎夫婦；及其至也，察乎天地。

——《中庸・第十二章》

【白話】

《詩經》說：「鳶鳥飛向天空，魚兒跳躍深水。」這是說上下分明。君子的道始於普通男女，但它的最高深境界卻昭著於整個天地。

鳥飛高空，魚游深水，男女結合[b]，均是天地之謎。現實世界最深刻的原則在此彰顯無遺，就像喝茶。還有什麼能更自然呢？

59 採菊東籬下，悠然見南山

這個常被引用的詩句出自陶淵明的《飲酒（其五）》，描繪的是人最幸福的自然狀態。這個詩句突顯了整首詩的意境，或許是東亞文學中最受歡迎的一句詩。

結廬在人境，而無車馬喧。
問君何能爾？心遠地自偏。
採菊東籬下，悠然見南山。
山氣日夕佳，飛鳥相與還。
此中有真意，欲辨已忘言。

陶淵明生活的那個時代比禪傳入中國還早一百多年，比飲茶的黃金年代更是早了五百年。他最愛的飲品還是酒。他的詩歌以豐富的語言表達了對自由的追求以及對自然的熱愛，在後世大受修禪者與茶人的喜愛。此詩最後一句與老子對語言的不信任以及禪師所說的「開口成錯」[c]有異曲同工之妙。

60

行到水窮處，坐看雲起時

這是王維名詩當中的一句，在日本和中國常被用於書法或山水畫中。詩人王維還是一位畫家、書法家、音樂家。他十分欣賞陶淵明的自由精神和對自然的熱愛。晚年，王維辭官退隱山林，投身藝術，學習禪法，漫步終南山中。「行到水窮處，坐看雲起時」可謂王維這首《終南別業》的點睛之筆。

中歲頗好道，晚家南山陲。
興來每獨往，勝事空自知。
行到水窮處，坐看雲起時。
偶然值林叟，談笑無還期。

有很多一行物都以自然為主題，有些能給我們啓發，有些只是為飲茶或坐禪營造氛圍。接著這句也是極好的一例。

61 雲消山岳露，日出海天清

一旦拋開欲望和幻想，我們的佛性便會顯現。你若拋開對所學之術的成見，或許就會理解師父的教誨。

62 虛空無背面，鳥道絕東西

當一個人開悟後，空間、方向都成了無意義的東西。那麼語言和定義呢？

《道德經》告訴我們：「道可道，非常道。」「道」這個字既有「路」的意思，又有「說」的意思。因此，可以設計的道路、可以描述的道路，都是人為規定的坐標。

我們最好避開其他人常走的路，放下地圖。正如西方人常說的：「地圖不是地。」

此句中的「鳥道絕東西」，也常常作為「一行物」出現。

63

南地竹，北地木

《碧巖錄》第十二則公案中有這段著名的對話：

僧問洞山[2]：「如何是佛？」

山云：「麻三斤。」

在隨後的解說中又有一問：「如何是『麻三斤』？」答曰：「南地竹兮北地木。」洞山的回答再次強調了現世、現時的問題。「如何是佛」是在探討形而上的問題，會讓人進入一個理念的、概念的、語言的世界。禪宗認為，理念、概念、語言皆是阻撓修禪者開悟的障礙，是使人迷惑的歧途。如果自然界直接說法，它會讓我們摒棄腦中的一切觀念，傾心聆聽。

無門禪師對同一個問題的回答更讓人匪夷所思：

乾屎橛。

這句話大概不會掛在茶室裡。

2 洞山良价（807—869），晚唐時期的佛教禪宗大師。

第九章　自然語

64 古松搖般若，幽鳥哢真如

宋朝晦岩智昭編纂的《人天眼目》是禪宗典籍，其中有這樣一段：

古松搖般若，幽鳥哢真如。況有歸真處，長安豈久居。
解語非干舌，能言豈是聲。不知常顯露，剛道有虧盈。

在談禪或佛教之前，一切有覺、無覺的存在都有佛性，這是一個基本的認識。所有自然之聲都是佛祖或實相的化身，都在向我們弘揚佛法。日本僧人空海這樣寫道：

佛法不知露藏，因人而顯而隱[a]。

對於已經開悟的人來說，任何看到、聽到、碰到、嘗到的，都能使他感受到佛心。
角度細微不同，就會讓你看到完全不同的世界。

65

雲行觀自在，水流不動尊

自然的各個方面都在彰顯佛法。觀音或觀自在，是慈悲的菩薩，溫柔如浮雲。不動明王可以威嚇佛教的敵人，模樣常被描繪成面目猙獰。祂右手持劍，可以斬斷我們的無明，左手舞繩，可以集中我們的注意力。祂叫「不動」，代表不被執念所阻的心念。祂的形象經常出現在瀑布旁邊。

只要我們留心，最有意思的佛經就在我們身邊。

鳥語蟲聲，總是傳心之訣；花英草色，無非見道之文。

學者要天機清澈，胸次玲瓏，觸物皆有會心處。

——《菜根譚》

《禪林句集》中還有類似的兩句：

一葉一釋迦，一鬚一彌勒。

山河並大地，全露法王身。

66
溪聲便是廣長舌 山色豈非清淨身

此句摘自蘇東坡的《贈東林總長老》。全詩如下：

溪聲便是廣長舌[1]，山色豈非清淨身。
夜來八萬四千偈，他日如何舉似人。

1 廣長舌，釋迦摩尼三十二種莊嚴妙相其中的一相。

山溪的喃喃細語是佛祖釋迦牟尼說法的聲音，而青山本身就是佛祖之身。八萬四千偈是夜晚自然的吟唱，潔淨人們的八萬四千種罪過。

此處再次引用《禪林句集》中的句子：

不信只看八九月，紛紛黃葉滿山川。

67 岩上無心雲相逐

此句出自唐代詩人柳宗元的《漁翁》：

漁翁夜傍西岩宿，曉汲清湘燃楚竹。
煙銷日出不見人，欸乃一聲山水綠。
回看天際下中流，岩上無心雲相逐。

這首詩中有多個句子都常出現在一行物中，都訴說著一種自然、質樸的心境，很容易引起日本人共鳴，受到茶人和修禪者的喜愛。參拜禪寺、飲茶、習武，人們的心境都是相同的：

千山鳥飛絕，萬徑人踪滅。
孤舟蓑笠翁，獨釣寒江雪。

以及：

汲井漱寒齒，清心拂塵服。
閒持貝葉書，步出東齋讀。
真源了無取，妄跡世所逐。
遺言冀可冥，繕性何由熟。
道人庭宇靜，苔色連深竹。
日出霧露餘，青松如膏沐。
淡然離言說，悟悅心自足。

柳宗元並不是佛教徒，但他對禪宗的不立文字有很深的理解。梭羅也是，他在野外找到了自己的聖殿，在自然間發現了「聖經」。

還有兩首收錄於《和漢朗詠集》[2]的詩，其中的片段常被用作一行物，也與本章主題相符：

山遠雲埋行客跡，松寒風破旅人夢。

這讓我們想起了我們無法避免的孤獨，以及老子的那句：

善行，無轍跡[3]。

——《道德經・第二十七章》

以及另一首詩：

2 日本平安時代歌人藤原公任為朗詠而收集漢詩、漢文、和歌的詩文集。

3 轍跡，是車輪所輾出的痕跡。這句意指善於處事者能順自然而行，所以不留一點痕跡。

泉飛雨洗聲聞夢，葉落風吹色相秋。

瀑布象徵磨煉，雨水象徵佛法，二者平等降於善人與惡人，讓我們從夢中清醒，回到本真的世界。

第十章　遠離顛倒夢想

68 無畏處

只要意志與信念堅定，任何地方都是淨土，生老病死均離你遠去。在佛教中，佛祖大發慈悲，對萬物說法，教導他們要沉著無畏。佛經《大智度論》中有這樣一段：

問曰：何等名無所畏？

答曰：得無所疑，無所忌難，智慧不卻不沒，衣毛不豎，在在法中如說即作，是無畏。

一旦心中沒有恐懼，沒有情緒的影響，我們就能清晰地看事物。佛祖或許會同意洪應明在兩千一百多年後寫下的話：

靜中念慮澄澈，見心之真體；閒中氣象從容，識心之真機；淡中意趣沖夷，得心之真味。觀心證道，無如此三者。

——《菜根譚》

值得注意的是，「畏」這個字有多個意思[a]，其中一個是「敬畏」，比如敬畏一捲通電的電線或一條響尾蛇。且看《新唐書．隱逸．孫思邈》中的一段：

慎以畏為本，故士無畏則簡仁義，農無畏則墮家穡，工無畏則慢規矩，商無畏則貨下殖；子無畏則忘孝，父無畏則廢慈，臣無畏則勛不立，君無畏則亂不治。是以太上畏道，其次畏天，其次畏物，其次畏人，其次畏身。

【白話】

謹慎又以敬畏為根本，所以若無敬畏，讀書人就會缺少仁義，農民就會毀墮農耕，工匠會無視規矩，商人不能增加財貨，子孫就會忘記孝悌，長輩就會廢棄慈愛，大臣無法建立功勛，君主就不能治理亂世。因此，至上是敬畏大道，其次是敬畏上天，其次是敬畏外物，其次是敬畏他人，其次是敬畏自身。

因為「畏」有這麼多的意思，所以儒士進入茶室，看到壁龕裡的這句禪語，或許會感到一絲疑惑。

69

白日青天，夢中說夢[b]

此句出自《大般若經》。

每個人各有不同幻想，但這句話適用於所有人。「白日夢」是指非常不切實際的事。

對夢略知一二的莊子這樣說道：

> 覺而後知其夢也。且有大覺而後知此其大夢也，而愚者自以為覺，竊竊然知之。君乎？牧乎？固哉！丘也與汝，皆夢也；予謂汝夢，亦夢也。是其言也，其名為吊詭。

【白話】

醒來後才知道是在做夢。人在最清醒的時候才知道自身也是一場大夢，而愚昧的人則自以為清醒，好像什麼都知曉、都明白了。君尊而牧卑的看法實在是淺薄又鄙陋呀！孔丘和你都是在做夢，我說你們在做夢，其實我也在做夢。上面這番話，它的名字可以叫作弔詭。

以及：

庸詎知吾所謂吾之乎？且汝夢為鳥而厲乎天，夢為魚而沒於淵。不識今之言者，其覺者乎，夢者乎？造適不及笑，獻笑不及排，安排而去化，乃入於寥天一。

【白話】

你怎麼知道我所說的我一定就是我呢？況且，你在夢中變成鳥振翅飛向藍天，在夢中變成魚便搖尾潛入深淵。不知道我們今天說話的人，算是醒悟之人，還是作夢的人呢？心境愉快卻來不及笑出聲，展現快意而發笑，卻來不及排解與消洩，安於自然的推移，忘卻死亡的變化，便進入虛空寂寥的自然，繼而渾然成為一體。

日本禪師道元對「解夢」一詞有不同的說法。他的《正法眼藏》中有一篇名為「夢中說夢」的文章，其中說到語言、觀念、想法，甚至我們對於佛教的解釋，都是人為構建的，因此是偏離本真的。因為這些都建立在我們對於現實的二元體驗上，所以只是解釋了我們存在的那個夢的夢話和夢想。但對於沒有開悟的我們來說，這已經是能達到的最好狀態了。我們手指月亮，在一個夢中宣揚另一個夢。道元說：

此夢中說夢處，乃佛祖之國也，是佛祖之會也。佛國佛會，祖道祖席者，即證上而證，夢中說夢也。

還有一句類似的禪語：

白日青天，莫寢言好。

說夢話當然不是一件好事，可是我們無法控制。在他人面前展現你的無知，這十分不明智，卻無法避免。能閉口時則閉口，正如諺語所說：

病從口入，禍從口出。

孔子一向能言善辯，他的規矩甚至更嚴：

食不語，寢不言。

——《論語・鄉黨》

不過，茶室裡沒有對說話的限制。千利休認為，茶室裡的對話可以包括對茶具的欣賞等，卻不應涉及俗世瑣事，並且不可沒完沒了，除非談論的內容有關佛教——他將一席茶的時間限制為四小時不無道理。其實，滔滔不絕或居高臨下的發言在茶道裡是十分不妥的。有這麼多話，不如去夢裡說吧。

70 本來無一物

中國禪文化就是由這句話發展起來的。這一句話把多少貪婪、多少執念、多少幻想如垃圾般一掃而空。此句出自《六祖壇經》：

祖一日喚諸門人總來：「吾向汝說，汝等終日只求福田，不求出離生死苦海，自性若迷，福何可救？汝等各去自看智慧，取自本心般若之性，各作一偈來呈吾看，若悟大意，付汝衣法，為第六代祖。火急速去，不得遲滯，思量即不中用。見性之人，言下須見，若如此者，掄刀上陣亦得見之。」眾得處分，退而遞相謂曰：「我等眾人，不須澄心用意作偈，將呈和尚，有何所益？神秀上座現為教授師，必是他得。我輩謾作偈頌，枉用心力。」諸人聞語，總皆息心，咸言：「我等以後，依止秀師，何煩作偈。」

神秀思惟：「諸人不呈偈者，為我與他為教授師，我須作偈將呈和尚。若不呈偈，和尚如何知我心中見解深淺；我呈偈，求法即善，覓祖即惡，卻同凡心，奪其聖位奚別？若不呈偈，終不得法，大難大難。」五祖堂前，有步廊三間，擬請供奉盧珍畫「楞伽經變相」及「五祖血脈圖」，流傳供養。神秀作偈成已，數度欲呈，行至堂前，心中恍惚，遍身汗流，擬呈不得。前後經四日，十三度呈偈不得，秀乃思惟：「不如向廊下書著，縱他和尚看見，忽若道好，即出禮拜，云是秀作；若道不堪，枉向山中數年，受人禮拜，更修何道。」是夜三更，不使人知，自執燈書偈於南廊壁間，呈心所見。偈曰：

「身是菩提樹，心如明鏡台，時時勤拂拭，勿使惹塵埃。」

祖已知神秀入門未得，不見自性……

複兩日，有一童子於碓坊過，唱誦其偈。惠能一聞，便知此偈未見本性。雖未蒙教授，早識大意。遂問童子曰：「誦者何偈？」童子曰：「爾這獦獠，不知大師言：世人生死事大，欲得傳付衣法，令門人作偈來看，若悟大意，即付衣法，為第六祖。神秀上座於南廊壁上書無相偈，大師令人皆誦，依此偈修，免墮惡道；依此偈修，有大利益。」惠能曰：「我亦要誦此，結來生緣。上人，我此踏碓八個餘月，未曾行到堂前，望上人引至偈前禮拜。」童子引至偈前禮拜。惠能曰：「惠能不識字，請上人為讀。」時有江州別駕，姓張名日用，便高聲讀。惠能聞已，遂言：「亦有一偈，望別駕為書。」別駕言：「汝亦作偈，其事希有！」惠能向別駕言：「欲學無上菩提，不得輕於初學。下下人有上上智，上上人有沒意智。若輕人，即有無量無邊罪。」別駕言：「汝但誦偈，吾為汝書。汝若得法，先須度吾，勿忘此言。」惠能偈曰：

「菩提本無樹，明鏡亦非台。本來無一物，何處惹塵埃。」c

【白話】

有一天，六祖喚衆人前來，有話要宣布：「我跟你們說，你們整日只是誦經求福報，不希求脫離生死輪迴的苦海，但自己的佛性若是迷失了，福報哪能救你脫離苦海呢？你們各自往內心看看那從自性生起的智慧，將這心得作成一偈，拿來讓我看看。若是有誰悟得本性佛眞的意旨，我就將衣缽傳給你，成爲禪宗第六代傳人。快回去作偈語吧！下筆不要考慮太多，考慮越多就無法切中要旨。明心見性的人，出口當下就能切中要旨。若能如此，即使帶刀上戰場面對生死交關之際，一樣也能見性，絲毫不受影響。」

大家知道五祖有這樣的安排，散會後便互相傳告說：「我們也不用費心做偈了，就算做出偈語，拿給師父看又有什麼用呢？神秀大師兄現在是我們的佛學授課講師，一定是他得到衣缽啊。我們別作什麼偈頌了，只是白費心機罷了。」大家聽到這樣的耳語，頓時都沒了作偈頌的念頭，齊聲地說，我們大家以後就尊神秀大師兄為老師，哪裡還需要再作偈語呢？

看到這情形，神秀心中暗想：「大家不想呈上偈語給師父，是因為平時為他們上課的老師是我。要是這樣，那我就不得不呈偈頌給師父了。因為要是我不呈上我的偈頌，師父怎麼知道我內心學法的見解是深還是淺呢？若從能否讓自己學佛的功夫更上一層樓的立場來看，我將心中見解寫成偈語就是件好事，但若是站在貪戀祖師位的立場來說，那就是椿不可原諒的惡事。如果我心中這樣想，那不就跟凡夫想爭奪祖師位沒兩樣嗎？但要是我不呈上偈語，就永遠不會知道我領會的佛法到底有無偏差？左也不對，右也不對，實在很為難啊！」

五祖房間前面有三片牆的走廊，本來打算請名畫家盧珍來畫《楞伽經》的變相圖，以及初祖達摩到五祖弘忍這一脈相傳的道統示意圖，供後人流傳及供奉。神秀完成了偈語之後，幾次想拿給五祖過目，但每每走到五祖房間門前，心中都是恍恍惚惚，汗流浹背，最後還是作罷。前前後後四天共十三次，都這樣畏縮不前。這時，神秀心想：「那我不如將之寫在走廊牆上，師父要是經過，看到我寫的稱讚說好，我就出來鞠躬作揖說這正是我作的偈語。如果他說不好，那真是枉費我在這個山寺多年，白白虛受眾人供養禮拜，真不知自己修的是什麼佛道！真是萬分慚愧！」

當晚三更時，神秀沒驚動任何人，自己拿著燭燈偷偷將偈頌寫在南面走廊的牆壁上。內容就是自己多年修行的心得。偈頌是這樣寫的：「我們這身體是成佛的根本，就像一顆小樹苗，慢慢澆灌就會逐漸長成大樹。我們的心就像一面明鏡，要時常擦拭，莫讓它沾染灰塵而汙損了原本明亮的鏡面。」

五祖早早就知道神秀自從出家以來，到現在仍未領會到佛法精妙的意旨，沒有開悟見性。

過了兩天，一個小沙彌從碓坊經過，邊走邊唱誦著神秀的偈語。雖沒有人教導，惠能一聽到唱誦就立刻理解了這偈語的大概意思。他知道這偈語並未明心見性。於是就問那小沙彌：「剛剛您唱誦的是哪兒來的偈語呀？」

小沙彌說：「你這南蠻人還不知道嗎。五祖說生死事大，想傳衣缽，所以叫門人做首偈語給他看看，要是有人悟出佛法大意，就要把衣缽傳給那人，成為禪宗第六代祖師。神秀在南面走廊牆壁上寫下這首無相頌，五祖叫大家要背誦，他說，按照這首偈的內容修行，可以不墮三惡道，會有很大的福報！」

惠能說：「那我也要記誦這首偈語，結個來生福報。這位大德呀，我來這裡踏碓舂米八個多月了，都沒到前面去過，路都不認得，希望您能帶我去那面走廊牆壁前，讓我好好禮拜一下這首偈頌。」

於是小沙彌便帶著惠能來到偈頌前面禮拜。那時，有一個名叫張日用的江州官員也在現場。惠能對張日用說：「我不認識字，能否請大人為我讀誦嗎？」這位別駕便大聲讀出。惠能聽完，就說：「我也有個偈頌，希望別駕大人能代我寫在牆上！」

聽到惠能的要求，這位別駕說：「你也會做偈語？真是太稀奇了！」惠能轉頭向著他說：「想學無上佛道，可不能輕視初學道的修行人。身分下等的人也可能有非常高的智慧，身分上等的也可能會有糊塗的時候。若是隨便輕蔑人，可是會有大罪過的。」

別駕說：「那你儘管把偈語念出來吧，我幫你寫上去。要是你因此得到衣缽，第一個可得來渡化我啊，別忘記我說的。」惠能念出：「身不是菩提樹，因為這身皮囊是因緣聚合，其性是空無；心也不是明鏡台，因為這個意識心，念念不住，其性也是空無。我們的自性一直都是清淨無汙染，要怎麼沾惹塵埃呢？」

71

色即是空，空即是色

《般若心經》一共兩百零六字，此句是其中精華。每天，世上各地的僧人、尼姑、居士都要念誦《般若心經》來淨化自己的心靈、消除幻想。修禪者和茶人一般都對《般若心經》十分熟悉。它的全文如下：

觀自在菩薩，行深般若波羅蜜[d]多時，照見五蘊[e]皆空，度一切苦厄。舍利子[1]，色不異空，空不異色，色即是空，空即是色，受想行識，亦復如是。舍利子，是諸法空相，不生不滅，不垢不淨，不增不減。是故空中無色，無受想行識，無眼耳鼻舌身意，無色聲香味觸法，無眼界，乃至無意識界。無無明，亦無無明盡，乃至無老死，亦無老死盡。無苦集滅道，無智亦無得，以無所得故。菩提薩埵，依般若波羅蜜多故，心無罣礙，無罣礙故，無有恐怖，遠離顛倒夢想，究竟涅槃。三世[f]諸佛，依般若波羅蜜多故，得阿耨多羅三藐三菩提。故知般若波羅蜜多，是大神咒，是大明咒，是無上咒，是無等等咒，能除一切苦，真實不虛。故說般若波羅蜜多咒，即說咒曰：揭諦揭諦，波羅揭諦，波羅僧揭諦，菩提薩婆訶[g]。

1 舍利子，佛陀的十大弟子之一，以智慧著稱。

第十一章　無事

72 無為

《道德經》中說，人們應該「為無為，事無事」。

如何理解呢？首先是「為」這個字，意思是「做」、「行動」。不過，它的含義不止如此。老子那時代使用的還是甲骨文，當時「為」字有幾種不同寫法，其中一些描繪的是一隻動物或一隻人手緊挨著一隻動物，指的是某種形狀或人為的框架，表示「暫時的」、「模仿的」。經過歷史演變，「為」又多了「做」的意思，可能指的是人模仿動物的形態、聲音、動作。中文裡「為」的發音與表示「欺騙」的「偽」相近，而「偽」字僅是在「為」左邊加了單人旁。因此，做、行動都與欺騙、有意識地做事有關。於是，「無為」說的就是無意識地行動、對結果不抱執念，這樣活得輕鬆。

《道德經・第六十三章》中說：

為無為，事無事，味無味。

這或許就是寂庵宗澤所說的，在茶室裡要「融自然之圓滿，棄自身之我執」。這的確是對禪師提出的那些問題的好答案，也是在道場裡舞劍時應有的覺悟。

73 無事

這個詞常被理解成「平凡的」、「安靜的」、「平和的」，不過，在禪宗裡它還意味不去評價、無欲無求的心態所帶來的寧靜。阿蘭・瓦茲[1]在談論禪時給了它一個讓人愉快的定義：不慌不忙。道家說的「無事」，我們可以在《道德經・第四十八章》中讀到：

為學日益，為道日損。損之又損，以至於無為。無為而不為。取天下常以無事，及其有事，不足以取天下。

【白話】

為學，知欲就一天天地增加；為道，知欲就一天天地減少。減少又減少，把知欲損盡了，沒有了「為」的動機，最後便到達無為的境地。以無為為用，萬物各得其所，各遂其生，所以可說是無所不為。治理天下當以無為為用，如果有為，就無法治理了。

《道德經・第五十七章》進行了更詳盡的解釋：

我無為而民自化；我好靜而民自正；我無事而民自富；我無欲而民自樸。

【白話】

我無為而治，人民就自然化育；我喜歡清靜，人民就自然純正；我不施教令，人民就自然富足；我沒有欲念，人民就自然樸實。

莊子對這個問題也有一己之見：

1 阿蘭・瓦茲（Alan Watts, 1915—1973），英國作家、思想家，對西方大眾認識佛教、道教、印度教頗有貢獻。

天其運乎？地其處乎？日月其爭於所乎？孰主張是？孰維綱是？孰居無事推而行是？

——《莊子・天運》

【白話】

天是運轉在上嗎？地是寧靜處下嗎？日月的交替，是在同一個軌道上相互追逐嗎？是誰在主宰、施行這一切呢？是誰在維繫這一切呢？是誰閒居無事在推動這一切的運行呢？

最後，老子告訴我們要：

為無為，事無事，味無味。

「無事」一詞也常出現在中國文學中，接著這句作為掛軸就十分經典，且看：

74 無事是貴人

真正的君子沒有執念，沒有欲望，因此無為。無為，則無事、無驚。中國和日本都有這樣一句古語：

無事是貴人，但莫造作。

這句一行物極有可能出自《臨濟錄》。《臨濟錄》是一本記錄唐代禪僧臨濟的言行錄，其中有這樣一句：

無事是貴人[a]，但莫造作，只是平常。

臨濟以他獨特的方式闡述了這個道理：

定上座[2]問臨濟：「如何是佛法大意？」濟下禪床擒住，與一掌，便托開。定佇立。傍僧云：「定上座何不禮拜[b]？」定方禮拜，忽然大悟。

75 隨分著衣喫飯

守本分，簡單活，無論在哪裡、做何事，都應全神貫注。唐代詩人李端有詩云：

隨分獨眠秋殿裡，遙聞語笑自天來。

《易經》第十七卦為「隨」卦：

2 定上座，繼承臨濟衣鉢之人。

卦辭：

元亨，利貞，無咎。彖：

《隨》，剛來而下柔，動而說，隨。大亨。（利）貞，無咎，而天下隨（時）之，《隨》（時）之（時）義大矣哉！

象：

澤中有雷，隨；君子以晦入宴息。

76 心隨萬境轉

心若自由無礙，便可在千萬轉變中通行無礙。這是禪與茶的修行中所要求的自然狀態，而在武道裡卻可能事關生死。再次引用澤庵禪師寫給柳生宗矩的信：

無心者，無有所住。滯則心中有事，動則心中無事。心中無事，是謂無心……若成此無心之心，則無止無缺，如缸水常滿，隨用隨有。

如溪中瓢，順水沉浮，永不停息。瓢在水中，沉於此，浮於彼，復而繼之。

以劍而論，揮劍之手，非心所在。不記技法，揮劍對敵，心不在敵。人空、我空、敵空劍空。細會此意，但忌心住空。

——《不動智神妙錄》

77 大巧若拙

當你的手藝不僅僅是技術，而且行動先於思考——達到這種境界時，你的行為和表現在外行人看來或許會很不專業。

大成若缺，其用不弊。大盈若沖，其用不窮。大直若屈，大巧若拙，大辯若訥。

——《道德經・第四十五章》

【白話】

最完滿的東西看似有所欠缺，但其作用卻永不完竭。最充實的東西看似空虛，但其作用卻永無窮盡。最直的東西看似彎曲，最巧的東西看似笨拙，最大的辯才看似木訥。

在日本茶室裡，大師欣賞的茶碗往往是無奇、甚至醜陋的：表面粗糙，形狀不勻，上釉不均。一眼看去，這些茶碗粗陋如孩童之作，抑或窯中殘品。但實際上，匠人需要研習多年，花費多番心血，才能造出如此作品。其中一些甚至已被認定為日本國寶，價值不可估量。這樣的茶碗向世界傳達了蘊含於不完美中的完美，手感溫潤而親切。

道場裡，老師父佝腿駝背，站在一旁看著學生們嫻熟技法、行動敏捷。而與學生切磋時，卻發現他們的速度與敏捷程度完全不占優勢。老師父則步伐緩慢，身形顫巍，檢視學生們的一招一式。

師父沒有炫耀技藝，但真正的技巧總能透露出內在的優雅。真正的大師都自行其道，彷彿他們的技巧在這個世上毫無特殊之處。

禪師會告訴我們，理想只存在我們腦海中，與現實世界無關。誠然，理想是我們與現實世界間的阻隔，遮蔽了我們的視野。如此看來，彎曲者自有直處，結巴的人亦能侃侃而談。

78

無説無聞 是真般若

真正的智慧超越一切信條、經書，或任何為我們可感知的利益而建立起的事物。

這句話出自《碧巖錄》第六則公案：

豈不見，須菩提[3]岩中宴坐，諸天雨花讚嘆，尊者曰：「空中雨花讚嘆，復是何人？」

天曰：「我是天帝釋。」尊者曰：「汝何讚嘆？」

天曰：「我重尊者善說般若波羅蜜多。」

尊者曰：「我於般若，未嘗說一字，汝云何讚嘆？」天曰：「尊者無說，我乃無聞，無說無聞，是真般若。」又復動地雨花。

這似乎是在邀請我們進入一種純粹的境界：閉口無言卻讓思緒如野馬奔馳，不刻意聆聽任何事。這是一種不含期待的境界。

澤庵禪師在《太阿記》中這樣寫智慧與劍：

3 須菩提，佛陀十大弟子之一，善於解悟空性。

莫以情勢卜度，無言語可傳，無法度可習。教外別傳是也。

不用言語的傳授，是茶道或任何一種修行的基礎。

79 來説是非者，便是是非人

洞山和尚因僧問：「如何是佛？」

山云：「麻三斤！」

無門曰：洞山老人參得些蚌蛤禪，才開兩片，露出肝腸。然雖如是，且道向什麼處見洞山？

頌曰：

突出麻三斤，言親意更親。來說是非者，便是是非人！

——《無門關・第十八則》

無需捏造佛、道、智慧的定義，禪師會讓我們用絕對的術語回答或乾脆不說話。這或許就是「以一字說禪，然不可出聲，不可靜默」。當被問及事物的真諦時，任何語言、手勢、靜止，從根源上來說都是錯誤的。

有一句日本老話：

是非既落傍人耳。

換句話說，要做客觀、公正的人。洞山和無門似乎都在告訴我們，真的客觀存在於絕對現實裡。

80 相見呵呵

在路上遇見一個陌生人，你覺得似曾相識，對他一笑，他也回你一笑，你們之間便產生了相互認同。這和禪師的頓悟有些相似。開悟是好笑的事嗎？「呵呵」指的是開懷大笑。在禪道中，笑就要放聲大笑，哭就要痛哭流涕。這讓我想到一句中國古詩：

> 隨富隨貧且歡樂，不開口笑是痴人。

這裡還有一則遇見生人如故人的例子：

一次，劍術大師宮本武藏準備離開名古屋時，看見一位武士[4]迎面走來。他對弟子說：「我終於遇見一個真正的活人。」兩人越走越近，互相叫出對方的名字，儘管這是他們第一次見面。據記載，兩人一見如故，這位武士將宮本武藏請到自己家中，兩人把酒言歡，卻未較量劍術。後來，宮本武藏回憶這次經歷：「這種互相認同可謂十分纖細的精神態度，或是超凡的天性使然。我們沒有切磋劍術，因為我們默認了彼此的實力。」

——《孤獨的武士》[5]

4 這位武士是指柳生利嚴（1577—1650），也叫柳生兵庫助，是當時最傑出的劍術家之一。
5 本書作者所著的宮本武藏傳記。

81 風為什麼色，雨從何處來

當情緒、偏執、企圖都被清除，我們便可無做作地自然行動。

京都的「哲學之道」沿著水道從銀閣寺一直通到南禪寺，途中會經過法然院和禪林寺。這條小道春有櫻花，秋有紅葉，在水面反射下，美景成雙。這條路是為了紀念日本哲學家西田幾多郎（1870—1945）而命名的。西田常在這條路上散步，他一生都致力於以西方哲學術語解釋東方禪體驗的事業。他在著作《善的研究》中這樣寫道：

所謂「經驗」，就是照事實原樣而感知的意思，也就是完全去掉自己的加工，按照事實本來的樣貌來感知。一般所說的經驗總夾雜著某種思想，因此所謂「純粹」，實指絲毫未加思慮辨別的、真正經驗的本來狀態。

例如在看到一種顏色或聽到一種聲音的瞬息之間，不僅沒有考慮這是外物的作用或是自己在感覺它，而且沒有判斷這顏色或聲音是什麼，「純粹經驗」就是在這之前的狀態，與「直接經驗」相同。

當人們直接經驗到自己的意識狀態時，還沒有主客之分，知識和它的對象是完全合一的。這是最精純的經驗。

第十二章　無礙

82 白雲去來

如雲行天空，人的思想也應該跟隨天性，無阻地自由飛翔。

堯觀乎華。華封人曰：「嘻，聖人，請祝聖人。使聖人壽。」

堯曰：「辭。」

「使聖人富。」

堯曰：「辭。」

「使聖人多男子。」

堯曰：「辭。」

封人曰：「壽，富，多男子，人之所欲也，汝獨不欲，何邪？」

堯曰：「多男子則多懼，富則多事，壽則多辱。是三者，非所以養德也，故辭。」

封人曰：「始也我以汝為聖人邪，今然君子[a]也。天生萬民，必授之職。多男子而授之職，則何懼之有！富而使人分之，則何事之有！夫聖人，鶉居而鷇食，鳥行而無彰，天下有道，則與物皆昌；天下無道，則修德就閒；千歲厭世，去而上仙，乘彼白雲，至於帝鄉。三患莫至，身常無殃，則何辱之有！」

封人去之，堯隨之曰：「請問。」

封人曰：「退已。」

——《莊子．天地》

【白話】

堯在華巡視。守護封疆的人說：「啊，聖人！請讓我為聖人祝願吧。祝願聖人長壽。」

堯說：「用不著。」

「祝願聖人富有。」

堯說：「用不著。」

「祝願聖人多生男子。」

堯說：「用不著。」

守護封疆的人說：「長壽、富裕和多兒多子，這是大家都想要的，為何你偏偏不希望呢？」

堯說：「多個男孩子就多一份憂懼，多了財物就多出麻煩，人一長壽長就會多受困辱。這都無助於培養無為的觀念和德行，所以我謝絕你對我的祝願。」

那人說：「原本我把你視為聖人，如今竟然是個君子呢。蒼天讓萬民降生人間，必定會讓人有一定的差事要去完成。男孩子多，授給他們的差事也就必然多，有什麼好擔憂的！富有了就把財物分給他人，有什麼麻煩的！聖人總是像鵪鶉一樣隨遇而安、居無常處，像待哺的雛鳥一樣覓食無心，像天上飛鳥不留蹤跡；天下太平，就跟萬物一同昌盛；天下紛亂，就修身養性；壽延千年而厭惡世上生活，便離開人世升天成仙；駕馭朵朵白雲，前往天地交界的地方；長壽、富裕、多子所導致的多辱、多事、多懼都不會降臨，也不會遭殃，那麼還會有什麼屈辱呢！」

那人離開堯，堯卻跟在他的後面，說：「希望能得到你的指教。」

守護封疆的人說：「你還是回去吧！」

83

福壽海無量

此句出自《觀音經》[b]，說的是我們如果全身心地供奉觀世音菩薩，便能達到「福壽海無量」的人生境界，從此無憂。

諍訟經官處，怖畏軍陣中，念彼觀音力，眾怨悉退散。
妙音觀世音，梵音海潮音，勝比世間音，是故須常念。
念念勿生疑，觀世音淨聖，於苦惱死厄，能為做衣怙。
具一切功德，慈眼視眾生，福聚海無量，是故應頂禮。

這也表明，我們無論怎麼抱怨、如何不滿，都是受保佑的。想要達到上述境界，我們必須跨越自大的自我。大慈大悲的觀世音菩薩告訴我們，不該因個人苦痛而動，而應該為世間眾生而動。觀世音常被描繪成有千眼和千手的菩薩，如此祂便能以千眼觀世間疾苦，以千手救芸芸眾生。

某些對佛教的解釋認為，所有佛、菩薩、羅漢都是我們內心的寫照。如此說來，觀世音菩薩保佑我們福壽海無量，而我們自己就是觀世音，我們自己就是一切保佑的源泉。

84 無我

「我」被認為是阻擋佛家開悟或是成為儒家君子的最大障礙。如若沒有了自私或自大，我們便會獲得巨大力量，行動自如，且對他人充滿同情。

子絕四：無意、無必、無固、無我。

——《論語・子罕》

會理知無我，觀空厭有形。

——孟浩然

枯龜[1]無我，能見大知。
磁石無我，能見大力。
鐘鼓無我，能見大音。
舟車無我，能見遠行。
故我一身，雖有知有力，有音有行，未嘗有我。

——《關尹子》

大劍術家柳生宗矩也學習過茶道和能樂，他在《兵法家傳書》中寫道：

修行不斷而漸有所成，一招一式寓於肢體而不在心。於修行中超越自我，則行動自由無阻。達此空明心境，不知心之所在，魔或外物亦無處尋……此般修行，為達無我故。若能參透，則無修無行。此乃道之最高境。

85
至道無難

我們求道路上的種種阻礙，幾乎都源於我們自身。我們以自我為中心，凡是都考慮「我」和「我的」，放縱自己的好惡。禪宗三祖僧璨六世紀末著的《信心銘》，

1 枯龜，乾龜殼之意，可用於占卜。

在開頭如此教導：

至道無難，唯嫌揀擇。
但莫憎愛，洞然明白。
毫厘有差，天地懸隔。
欲得現前，莫存順逆。
違順相爭，是為心病。

【白話】

只要沒有憎愛分別的心，入於不二門，那麼就像門開了，一切清楚明白。要體證至道，方法很重要，因為，只要有絲毫差異，結果相差就會如天地。所以，若希望至道能夠現前，而得悟證，那麼對所有事情就莫以順或逆去看待。執著將法以好壞分，這都是顛倒知見，是心病。

《論語》有云：

子曰：「君子之於天下也，無適也，無莫也，義之與比。」

而宮本武藏在《五輪書》中寫道：「直心向道，無己之喜惡。」

86 草鞋和露重

此句乃大燈國師[2]語。

草鞋沾了露水而變重，走路會變得困難。同樣的，你若滿腦子想的都是規矩和茶禮，很可能茶還未到嘴邊，就先摔了碗。若一直考慮姿態和技法，你的對手可能在你發現之前就給了你致命一擊。

再次引用柳生宗矩的話：

> 習箭時若滿心只想射箭，則箭不穩。舞劍時若滿心只想招式，則劍不穩。提筆時若滿心是字，則筆不穩。撫琴時若滿心只想手法，則音不穩。
>
> 射箭而忘箭，如以平常心做平常事，則箭穩。舞劍、騎馬、寫字、撫琴皆是如此。有平常心，則萬事不難也。

87 好事不如無

好事、喜事只會帶來依戀和欲求，所以我們不該追求眼前的或物質的歡愉，得道之人不會為這些東西所動。

雲門垂語云：「人人盡有光明在，看時不見暗昏昏，作麼生是諸人光明？」自代云：「廚庫三門。」又云：「好事不如無。」

——《碧巖錄・第八十六則》

2 大燈國師，日本臨濟宗大德寺的開山祖。

一件好事，不管它對我們而言價值如何，隨之而來的一定還有歧視、欲望、依戀、悲傷。「好事不如無」這句禪語警示我們，要小心我們對「好」與「壞」的區分。如果一個人能看清實相無相，那麼好事便不再令他愉悅，壞事也不再使其悲傷。對世界毫無偏見的感知是人類心靈的基礎，也是「好事不如無」的真正含義。

若說好事不如無，難言此事為吉事。

——《太平記》[3]

好事不如無，莊子是這麼解釋的：

支離疏者，頤隱於臍，肩高於頂，會撮指天，五管在上，兩髀為脅。挫鍼治，足以糊口；鼓莢播精，足以食十人。上征武士，則支離攘臂而遊於其間；上有大役，則支離以有常疾不受功；上與病者粟，則受三鐘與十束薪。夫支離其形者，猶足以養其身，終其天年，又況支離其德者乎！

——《莊子・人間世》

【白話】

支離疏這個人的模樣，因為背駝，臉頰因而藏陷在肚臍部位，他的肩膀高過頭頂，髮髻朝天，五臟都擠在背上，兩條腿夾著身體就像肋骨。他替人縫衣，足以餬口；又替人篩糠簸米，足以養活十口人。當政府要徵兵時，他因為殘疾而得以免受徵召，當上頭要徵勞役時，他也因殘疾而得免勞逸之苦；當政府要發放賑濟的粟米給病疾

3 日本軍事物語，成書於一三七三年前後，記錄了前五十年的治亂興亡。

者時，他也得到三鐘米與十捆柴。他雖然因為形體支離不全，卻反而因此得以安養活到天年。何況在德行上有支離不全的人呢？

88

隨處作主，遇緣即宗

上句「隨處作主」常自成一行物，暗示著下句「隨緣即宗」。

兜率悅和尚設三關問學者：「拔草參玄只圖見性，即今上人性在甚處？識得自性，方脫生死，眼光落時，作麼生脫？脫得生死，便知去處，四在分離，向甚處去？」[4]

無門曰：若能下得此三轉語，便可以隨處作主，遇緣即宗。其或未然，粗餐易飽，細嚼難饑。

頌曰：

一念普觀無量劫，無量劫事即如今。

如今覷破個一念，覷破如今覷底人。

——《無門關・第四十七則》

4 兜率從悅（1044—1091），中國宋代臨濟宗黃龍派僧人。這段即是著名的「兜率三關」。第一關是要讓人拔除無明之雜草，徹底看見自己的心性；第二關是要讓人識得自己本來就有的真性，以期脫離生死之轉變；第三關是要讓人透脫生死，以便知曉最終的去處。

89 寂然不動

一個人若是開悟了，他的精神或心靈就會處於平靜、不動搖的狀態。需要注意的是，「寂」這個字最初意思為「沒有人聲」，「然」則指「完全的自然」、「本我」。兩個字組在一起，意思不止平靜，還包含孤獨和荒涼感，繼而讓人生起「侘」之感。「不動」二字意為「不動搖」、「靜止」，指的是內心的平和。

這句話的出處應該是孔子對《易經》的評論集《繫辭》。《易經》是現存最古老的中文作品之一，日本對它的研究可追溯至公元八世紀：

《易》無思也，無為也，寂然不動，感而遂通天下之故。非天下之至神，其孰能與於此。

老子在《道德經》中寫道：

寂兮寥兮，獨立不改，周行而不殆。

【白話】

它既無聲音，也無形體，卻獨立於萬物之上且恆久不變，運行在宇宙中而永不止息。

《淮南子》是一部創作於約公元前二世紀的哲學著作，其中如此論「道」：

汪然平靜，寂然清澄。

寂然不動。只有在這種心境下，我們才能得道。

90

八風吹不動

八風吹不動，是心無雜念之人毫不動搖的心境。「八風」是擾亂人心的八種情緒：利、衰、毀、譽、稱、譏、苦、樂。遂了心願是利；求而不得是衰；毀是毀謗，讓我們如墜深淵；譽是名譽，是我們可見之物；稱是稱頌，讓我們飄飄欲仙；譏是譏諷，讓我們在眾人面前出醜；苦折磨著我們的身心；而樂帶給我們愉悅的享受。如此八風不斷變換著吹拂我們。我們不應為其所動，而應堅定心智。為達此境界，我們先要對「空」的世界有深刻的理解。

澤庵禪師在給柳生宗矩的信中如此寫道：

> 不動者，意如其字，智乃智慧之智。雖云不動，非同草木。前後左右，十方八方，心無所住，是謂不動智。
>
> 不動明王者，右手劍，左手繩，露齒怒目，魁梧屹立，斬萬惡，護佛法……所謂不動明王，人之不動身心也。不動身心即不為何事而留。
>
> 過目不留心，此乃不動也。心有所住則心生判別，繼生萬動。滯而復動，難動矣。
>
> ——《不動智神妙錄》

宮本武藏在《五輪書》中寫道：

萬事萬物，或劍或手，唯忌不動。不動則手死，動則手活。

再來看一首日本禪僧義堂周信（1325—1388）的詩：

苦海無涯浪高天，
八風擾心吹破舟。
欲救他人先靠岸，
一根蘆葦過淺灘。

還有一句意思相近的句子：

水流不流月。

水流不息，但水中的月影常在。心不動，無論遇到什麼困難，它都是永恒的。如果你修行達此階段，那麼無論面對何種情況，你都能泰然處之。

「水流不留月」這句一行物出自《禪林句集》，在茶室和道場中十分常見。

91 無礙

「無礙」兩字說的是一種完全的自由，沒有任何阻礙。所有的疑惑或世俗想法都在打坐或冥想訓練中被釋放。

《大般若經》中說：

菩提薩埵，依般若波羅蜜多故，心無罣礙。無罣礙故，無有恐怖，遠離顛倒夢想，究竟涅槃。

「礙」與「我」無異，是阻擋我們得道的自大或自我意識。我們一旦從意識裡消除自大，就可以像虔誠的佛教徒那樣只為他人著想，或像禪僧那樣自由地活著[c]——因時因地制宜，如鏡子反射萬物，物過不留。

武道裡說，一個人如果反覆練習招式，最後參悟了招式背後的真意，那麼就可以做到：

流露無礙。

這就是道家所追求的「逍遙」、「自然」、儒家所說的「誠」、佛家所說的「釋然」。花插得像在田野盛開、上茶毫無做作、舞劍自由優美，這些都是道。

第十三章　知足

92 知足

「知足」二字取自「唯吾知足」，說的是一個人根據自己的需求和器量，知道什麼對自己是基礎的、必需的、足夠的。「唯吾知足」經常被刻在圓形方孔的石頭上：圍繞中間一個「口」，四周刻著這四個字。「知足」是茶文化的核心。這個概念在早期道家和佛家經典中已有清楚的闡釋。

禍莫大於不知足；咎莫大於欲得。故知足之足，常足矣！

——《道德經・第四十六章》

【白話】

天下的災禍沒有比不知足更大的；天下的過咎沒有比貪得更大的。所以只有知足這種滿足，才是永久的滿足。

知人者智，自知者明。勝人者有力，自勝者強。知足者富。強行者有志。不失其所者久。死而不亡者壽。

——《道德經・第三十三章》

【白話】

能了解別人長短善惡的，可稱聰慧；能認識自己良知本性的，可稱清明。能戰勝別人的，可謂有力；能克服自己的，可謂堅強。能知足而對金錢淡泊的，便算富裕；能勤行大道而恆久不息的，便算有志。常處於道而不離失，便能長久；身雖死但道猶存，便是長壽。

名與身孰親？身與貨孰多？得與亡孰病？是故甚愛必大費；多藏必厚亡。故知足不辱，知止不殆，可以長久。

——《道德經・第四十四章》

【白話】

名聲和自己的生命相比，哪一個更切身呢？財貨與生命相比，哪一個重要呢？得到名利和喪失生命，哪一個對我有害呢？所以愛名過甚，耗損的一定也多；藏貨過多，亡失的一定也很重。唯有知足，才不會受到汙損；知道適可而止，才不會產生危殆，如此一來才能長安久存。

佛教中說八大覺悟，其中第三覺就是「知」，即：

心無饜足，惟得多求，增長罪惡；菩薩不爾，常念知足，安貧守道，惟慧是業。

——《佛說八大人覺經》

93 誠者，天之道也

更玄乎一點地說，「誠」字由「言」和「成」組成，在語源上可以理解為「語言成為現實」是「存在」的必要條件。無「誠」，世間萬物無法成為應該成為的樣子，木非木，石非石。人們必須好好理解「誠者天之道也」，並將它應用於生活。無「誠」，修禪者如何回答師父的提問？習茶之人如何飲茶？習武之人如何舞劍？

誠者，天之道也；誠之者，人之道也。誠者，不勉而中，不思而得，從容中道，聖人也。誠之者，擇善而固執之者也。

——《中庸・第二十章》

誠者，自成也；而道，自道也。誠者，物之終始，不誠無物。是故君子誠之為貴。誠者，非自成己而已也。

——《中庸・第二十五章》

欲正其心者，先誠其意。

——《大學》

94

日面佛，月面佛

馬大師[1]不安，院主問：「和尚近日尊候如何？」

大師云：「日面佛，月面佛。」

——《碧巖錄・第三則》

日面佛壽長一千八百年，而月面佛壽僅一日一夜。龜活百年，而蜉蝣不過一日。馬祖或許是在暗示提問者，這個問題不合適。禪超越生死壽命，告訴我們，無論長短，

1 見第一八一頁對「馬祖」的注釋。

一個人的生命在每一刻都是完整的。

研習道法的佚斎樗山（1659—1741）這樣解釋：

龜鶴於河畔互慶長壽，一蜉蝣嘆道：「嗚呼！物之本性，何其贊！生死輪迴，幻化不停。萬物生而復生，長或挫，榮或消，異或同，飛或游，動或靜。形色萬物各有其位，神祕不可測。不知從何來，不知向哪去。吾輩亦在萬物之中，於輪迴幻化中逍遙而遊……

「龜鶴壽千萬年，然終有一死，與吾輩無異。吾輩朝生夕死，卻無憾爾。」

——《天狗藝術論》

95 時止則止，時行則行

《艮》，止也。時止則止，時行則行。動靜不失其時，其道光明。

兼山，艮；君子以思不出其位。

——《易經》

這第五十二卦「艮」，意象為山頂。這個字常被理解成「不動」或「靜止」。從語源上來說，古文中的「艮」描繪的是一隻向後看的眼睛。雖然「時止則止，時行則行」常被寫在一行物中，但人們有時也會直接將卦符「艮」畫於字軸上。各種解釋《易經》的作品都強調這句話的重要性：

艮乃老莊萬物與我合一之精髓。

——裴楷

一部《法華經》，只消一個艮字可了。

——周敦頤

解道唯有艮，其餘六十三卦皆可棄。

——於雷（音譯）

和 96

和，不堅不柔也。

——《廣韻》

從語源上來說，將「和」拆為「禾」與「口」可能不準確，但這反映了和諧的社會構成。古人告訴我們，當大家食不果腹時，「和」是不可能實現的[2]。

「和」在道家、佛家、茶道，還有像合氣道這樣的武道中，都是非常重要的概念。

2 指《淮南子·主術訓》所言「食者，民之本也」。

它要求人與周遭環境完美融合。「和」是意見碰撞時的冷靜和中庸，是人類關係的基礎。和於陰陽[3]，則氣和，就會建立起互動的節奏乃至平衡，萬物便不會出位。因此，就算在一大群人、甚至敵人之間，也有安寧可尋。

對於「和」在日本歷史和社會裡的重要性，再怎麼強調都不為過，日本人給自己國家取的第一個名字就是「大和」。聖德太子在六〇四年頒布的第一部國家法律，開頭便是：

以和為貴。

聖德太子愛讀《論語》，上句幾乎直接引用了其中這句：

禮之用，和為貴。

對於孔子和聖德太子來說，禮制是治理國家的一味良藥。現代社會，「禮制」一詞可能已被「禮儀」取代，但其中的道理沒有變。

再看幾句東方典籍中關於「和」的句子：

知和曰常，知常曰明。

——《道德經・第五十五章》

【白話】

能夠知道合的道理叫作「常」，知道常道的叫作「明」。

3 出自《黃帝內經》所言的「法於陰陽，和於術數」。

我守其一，以處其和。

——《莊子．在宥》

【白話】

我守心一處，以處於身內陰陽二氣的和諧之處。

與此同時，孔子警告我們小心過分的「和」：

君子和而不同。

——《論語．子路》

第十四章　簡單生活

97 一簞食，一瓢飲

這句話提倡一種簡單生活，在東亞文化中是相當經典的一句話。雖然此話出自儒家，卻備受道家、禪宗，以及各派藝術家推崇。

子曰：「賢哉，回也！一簞食，一瓢飲，在陋巷，人不堪其憂，回也不改其樂。賢哉，回也！」

——《論語・雍也》

孔子提醒我們，最好的生活不在於物質，而在完整又有序的自由。當你進入茶室，看見這幅一行物時，哪怕是一瞬間也好，請忘記富貴與權勢。

還有與之相仿的一句話，出自《禪林句集》：

爭如吃飯著衣，此外更無佛祖。

98 飢來吃飯，寒到添衣

飢來吃飯，寒到添衣，是開悟之人最原始、最簡單的功課。順自然行事，不夾雜任何誇張的哲學和過度思考，做自己，要自然。

禪師臨濟說：

佛法無用功處，只是平常無事，屙屎送尿，著衣吃飯，睏來即臥。愚人笑我，智乃知焉。

「飢來吃飯，寒到添衣」的完整偈詞如下：

飢來要吃飯，寒到即添衣。睏時伸腳睡，熱處愛風吹。

奇怪的是，這麼簡單，卻是禪宗的最高境界；更奇怪的是，要達到這層境界，卻要耗費多年修行。

99 畫蛇強添足

這句話說的是做多餘、無意義、不必要的事，可能會導致嚴重的危害。在日語中，這句話可用一個更簡約的詞語來表達，即「蛇足」。

畫蛇添足的故事出自《戰國策》：

楚有祠者，賜其舍人卮[1]酒。舍人相謂曰：「數人飲之不足，一人飲之有餘。請畫地為蛇，先成者飲酒。」

1 卮，音ㄓ，古時一種盛酒的器具。

一人蛇先成，引酒且飲之，乃左手持卮，右手畫蛇，曰：「吾能為之足。」未成，一人之蛇成，奪其卮，曰：「蛇固無足，子安能為之足？」遂飲其酒。為蛇足者，終亡此酒。

《淮南子》中還有一句與此相近：

蛇無足而行，魚無耳而聽，蟬無口而鳴。

100 空手還鄉

我們坐禪並不是為求回報，學習茶道並不是為了炫耀。若我們回家時的行囊比離家時更少、更輕，才叫成功。在東方發生過這樣一個故事：

一位禪師獲任命為一座大寺廟的住持。他發現赴任路上會經過自己的故鄉。他已經很多年沒回去過了，於是穿上紫金袍，由威嚴的侍從護衛，走過家鄉的大道。就在這時，一位步履蹣跚的老者走了出來，叫了他的名字，並說：「我記得你，你是撿破爛家的兒子。」這位新上任的住持十分尷尬，然而就是這一刻，他醒悟了：他已悟到的並不是真的覺悟。他將法衣捐給鄉親，披上舊的黑袍，回到曾經的寺廟，繼續打坐。

與「空手還鄉」相似的，還有這樣一句：

空手而來，空手而去。

101 君子之交淡如水

禪宗、茶道提倡，我們與他人的關係不該太親近（因為親近容易導致失敬），也不該太功利。坐在我們身邊的人是可敬的、友好的，但也不會讓我們感到依戀或不必要的分量。

君子之交淡若水，小人之交甘若醴[2]。君子淡以親，小人甘以絕。彼無故以合者，則無故以離。

——《莊子・山木》

君子之交，其淡如水；小人之交，其甜如蜜。君子因其淡而滿，小人因其甜而棄。

——李濟

102 真味只是淡

無論是與人交際，還是生活中的點點滴滴，都應了這句話：

肥辛甘非真味，真味只是淡。神奇卓異非至人，至人只是常。

2 醴為古時一種甜酒。

——《菜根譚》

此句與「君子之交淡如水」的關鍵字都是「淡」，指清淡的湯或模糊的痕跡。「淡」暗指無飾，或者更寬泛地指無欲。「淡月」指的是朦朧的月亮，日本人對它的喜愛遠遠勝過明月。

《菜根譚》從十七世紀開始就在日本廣爲流傳，在此再引用其中一段文字：

涉世淺，點染亦淺；歷世深，機械亦深。故君子與其練達，不若樸魯；與其曲謹，不若疏狂。

103 行遠必自近

君子之道，辟如行遠必自邇，辟如登高必自卑。《詩》曰：「妻子好合，如鼓瑟琴；兄弟既翕，和樂且耽；宜爾室家，樂爾妻帑[3]。」

——《中庸・第十五章》

真正的滿足、快樂、和諧其實都觸手可及，如享受天倫之樂，與友人在簡樸的環境中飲茶，在與志同道合之人淡如水的往來中得到滿足。你如果想要修禪，有各

3 帑，子女的意思。

種方法，但請記住，在去著名寺院進行昂貴的修行之前，在自己那便宜的墊子上打坐，或許也有同樣的效果。

104 南無阿彌陀佛

這是淨土宗和真言宗等的真言。以絕對的真誠、信念、願望背誦此句，人就能在淨土、西方極樂世界重生，來世受到極大庇佑。這與禪宗形成對比。「禪」被認為是「自力」，也就是憑藉自己的力量獲得開悟；而念佛被認為是「他力」，是借助其他力量修行。不過，無論信奉禪宗還是佛教的淨土宗，修行者都要念佛。念佛表明信仰阿彌陀佛，是拜佛，是感謝，是祈禱。據說，念佛可以掃清心中的疑惑，帶來簡單，還有禪師、茶人、劍客所看重的耿直的思考和行為。

阿彌陀佛是「無量光佛」，有時也稱「無量壽佛」。阿彌陀佛在西方極樂世界，所以是紅色的，落日紅。很久以前，他在成佛前立下四十八個誓言，說要拯救眾生。阿彌陀佛常被描繪成打坐的形象，暗示無與倫比的沉靜。

有意思的是，與阿彌陀佛相連結的動物是孔雀。傳說中，孔雀可以生吞毒蛇而不受傷害。毒蛇會被孔雀吸收，從毒物轉化成某種美麗的事物（孔雀）。與此相同，信仰阿彌陀佛可將我們的恨、貪、無知等最壞的品性和習性，轉化成佛法倡導的美善事物。

因此，我們不斷念佛，清空自大，讓自然本性發光。

第十五章　生活的完整性

105 左右逢源

處處都是授「道」處。道從「一」來，又回「一」去。源頭是「一」，所聞所見皆由「一」來。

孟子曰：「君子深造之以道，欲其自得之也。自得之，則居之安；居之安，則資之深；資之深，則取之左右逢其原，故君子欲其自得之也。」

——《孟子》

【白話】

孟子說：「君子為學若要精深，必得依一定的方法循序漸進，以期能默識心通，自然地悟得當中道理。能自然地領悟道理，那麼將之存於心中，便能安定不失，能安定不失，便能仰賴它來行事；能以之行事，那麼取用起來隨處都能和這道理的本源相遇。因此君子會希望自己能自然而然地領悟到其中的道理。」

106
一色一香，無非中道

此句出自中國佛教經典《摩訶止觀》。「一色一香」指的是整個宇宙和芸芸眾生。大自然的作品不會有錯，在道家看來，茶的清香、壁龕前所擺香丸的氣味，都自有價值。這和美國詩人惠特曼《草葉集》中的一首詩意義相近：

在我心裡，
一彎草葉可比天上繁星起落。
一隻螻蟻，一粒細沙，一枚雀卵，亦如斯完美。樹蛙棲居枝頭，無疑上蒼傑作……
鼷鼠亦是奇跡，驚愕億萬不信上帝之人。

107 處處全真

真佛法包含山川及世間萬物。
大地絕纖埃，何人眼不開。

始隨芳草去，又逐落花回。

——《長沙遊山頌》

若得真實到這境界，何人眼不開？一任七顛八倒，一切處都是這境界，都是這時節。十方無壁落，四面亦無門，所以道：「始隨芳草去，又逐落花回。」

——《碧巖錄・第三十六則》

還有一句與「處處全真」相仿的句子出自《人天眼目》：

何處不稱尊。

沒有什麼地方是不值得尊重的，再舊的茶室中也有和諧與和平，再破的道場裡也有專心與努力，而以一捲毛毯當坐墊，心靈就會找到打坐的房間。佛法無邊。

108
三界唯一心，心外無別法
心佛及眾生，是三無差別

禪宗就濃縮在這段話中。這段修禪者經常念誦的話出自《華嚴經》，可以單獨或與其他經典一起念誦。

「三界」即欲界、色界、無色界。欲界，含六道：地獄、餓鬼、畜生、人、阿修羅、天。色界，是半物質的世界。無色界，是純精神的世界。佛教認為三界無法分離，因為三界都只存於一心。在還未開悟的階段，我們不斷輪迴，流轉於三界。在地獄重生，或生為餓鬼、畜生、人，也可能是阿修羅或生於天。要涅槃，必須超越三界，脫離生死的海洋。

109 不知何處寺，風送鐘聲來

這就是打坐時和平、寧靜的境界：無論處於何處，細節與整體，在範圍和意義上都沒有差別。

元末詩人高啓（1336—1374）的這句詩，同樣讓人回味：

問春何處來，春來在何許？

b. 叫定上座禮拜的僧人其實是暗示臨濟給他上了十分重要的一課。

第十二章

a. 君子，儒家常說的概念，指遵守社會道德的人。但道家說的聖人，必須有觀天的智慧（預測何時下雨）。
b. 《觀音經》，即《法華經》第二十五章，世人普遍相信它能去除魔障，所以自成一經。
c. 自由地活，日語寫作「円転滑脫」，對應中文「圓滑」的字面意思。

一雙雙一對對，必然的結合，
他們手拉手或臂膀挽著臂膀，
表示情投意合。
——T. S. 艾略特，《East Coker》

c. 禪師們還會說「閉口也錯」。

第九章

a. 羽毛田義人：《空海密教》，第一五〇頁。

第十章

a. 有趣的是，甲骨文的「畏」字描繪的是魔鬼揮舞木棍的場景。
b. 道元在《正法眼藏》中有一篇題爲「夢中說夢」的文章。在這篇文章裡，他指出我們對這句話的理解是錯誤的，並解釋道：「夢中說夢乃古佛。乘此寶乘，直至道場。」一些人認爲道元所言是「邪思」，因爲他在其他文章裡曾就這個問題提出不同見解。無論怎麼說，道元的見解都不是對「夢中說夢」的主流解說。
c. 惠能的這首偈經常作爲一行物出現，尤其在禪寺和茶室裡。
d. 般若波羅蜜，梵語，意爲「直覺的、超驗的智慧能將我們帶到幻象的另一邊」。「般若波羅蜜」字面上的意思是「通往彼岸的智慧」。這個概念無法用語言或觀念精準地定義或解釋，但有時我們會因某些意外而獲得它所指的經驗，並因此看透「空」和「無」。
e. 蘊，在梵語中意爲「堆」或「總和」。「五蘊」構成了我們的人格，分別是「色」、「受」、「想」、「行」、「識」。
f. 三世，有兩種解釋，一是過去、現在、未來三世；二是欲界、色界、無色界三界。
g. 《般若心經》最後的這句咒爲音譯，意譯常作：「去呀，去呀，前往究竟彼岸，一起前往究竟彼岸，成就了圓滿智慧！」

第十一章

a. 無事，臨濟將其定義爲「停止追尋外物」，而「貴人」則意爲「可尊敬的人」。

f. 「邪路」的「邪」本是中國某河流的名字，也有旁門左道的意思。關於「邪」的用法，最著名的當屬孔子評價《詩經》——「思無邪」。
g. 不過，禪師讓我們必須集中精力。《禪林句集》中有一句：「不可以語言造，不可以寂然通。」
h. 矛盾的是，《論語》的最後一句說的却是「不知言，無以知人」。

第三章

a. 德，一個人的內在品德或真正強大之處，並不完全指「好」。
b. 不動明王自言：「三尺瀑布即吾現身。」不必說，四尺、五尺、十尺瀑布都是不動明王的象徵。所有瀑布都是佛三位一體的表現：主石左右各有一石，大概象徵佛祖護法。出自橘俊綱《作庭記》第一七二頁。

第四章

a. 十五日指第十五天，可能指七月十五日，在夏安居——三個月的冥想與坐禪修學——的最後一天。夏安居在夏日的雨季進行，因爲此時外出不便。

第五章

a. 見羽毛田義人：《空海密教》，第二一四頁。
b. 見羽毛田義人：《空海密教》，第一九九頁。

第七章

a. 若知道中國文化認為人有「魂」與「魄」兩種靈魂，這則故事讀來會更有趣。人在死後魂會升天，魄則入地。這故事中倩娘的魂可能隨王宙走了，但魄留在家裡。
b. 神子侃：《武將語錄》，第一〇二頁。

第八章

a. 馮友蘭：《中國哲學史》。
b. 男人和女人結對而舞，這是在舉行婚禮——一種莊嚴而方便的聖禮。

i. 也有人認爲是四七五年、五一六年或五二七年。

j. 編於一一〇三年。

k. De Bary, *Sources of Japanese Tradition*, 138

l. 千宗室：《日本茶道》，第五十一頁。本詩為《與海公飲茶送歸山》。

m. 山崎泰廣：《真言宗：日本密宗佛教》，第一〇九頁。

n. 同上。

o. 羽毛田義人：《空海：主要作品》，第一四五頁。

p. De Bary, *Sources of Japanese Tradition*, 138

q. 他的著作《山水經》中有一處例外。

r. De Bary, *Sources of Japanese Tradition*, 232

s. 不是所有的一行物都出自禪僧或書法家之手。我見過的一行物中，最有趣的要數一幅掛在名古屋某間精緻茶室中的字軸，上面寫著《道德經》中的「千里之行，始於足下」。這幅字是日本著名美食家、陶藝家北大路魯山人的作品。不過，比起他的禪意，更爲大眾所知的是他古怪的酒癖。

t. Guthrie et al., *Embodied Image*, 48

u. 此句出自二十世紀的劍術家、德川將軍的後繼者德川家達。

第一章

a. 這可能是對的，也可能是錯的。看禪師仙崖義梵（1751—1837）的畫，人們常常很難辨別他畫的是月亮還是圓相。有一次，他一下畫了兩個圓，興高采烈稱說那是他的睪丸。

b. 完整的公案出自《趙州禪師語錄》，如下文：
問：「狗子還有佛性也無？」師云：「無。」
學云：「上至諸佛，下至蟻子，皆有佛性，狗子爲什麼無？」
師云：「爲伊有業識在。」後又有僧再問：「狗子還有佛性也無？」
師曰：「爲他知而故犯。」

c. 也有人說這是誤解，認爲趙州說的是「汪」，意在提醒提問者問錯了方向。

d. 六道，指六道輪迴，即地獄道、餓鬼道、畜生道、修羅道、人間道、天道。
四生， 指卵生、胎生、濕生、氣生。

e. 荒川：《禪畫》，第三十二頁。

注釋

前言

a. 出自《古今和歌集》第二〇一首：「秋野迷途路，踟躕顧四鄉。秋蟲鳴待處，一宿又何妨。」

b. 這幅想像中三人共飲畫面相當真實，很可能的確發生過。細川忠興（1563—1646）是熊本的領主、非凡的文化名人；年輕的春山是細川家廟的一位禪師；武士宮本武藏師從春山，學習禪道，同時也是細川忠興兒子的劍術老師，有許多追隨者。宮本武藏還研習能劇和傳統詩歌。「諸惡莫作，眾善奉行」的掛軸確實是由一休禪師（1394—1481）所作，如今陳列在細川家族設於東京的永青文庫。文中提及的茶碗是一只黑樂茶碗，稱作「大津女士」，是忠興從某位移居日本的朝鮮陶藝師那裡得到的。

c. Watts, Alan. *The Way of Zen*, 179

引言

a. 不少人認為，神農其實是一支中國的農耕部落，這支部落開發、生產了茶及其他中草藥。領導這些生產活動的部落首領不止一人，但很可能被神化，成了同一個形象。

b. 也就是《神農本草經》。

c. 完整清單請參考 Pasqualini and Suet, *The Time of Tea*, 31.

d. 有報導稱，一些山茶樹可以長到十五至三十公尺高，但只是個例。

e. 《茶經》中說：「其字或從草，或從木，或草木並。其名一曰茶，二曰檟，三曰蔎，四曰茗，五曰荈。」

f. Bikkhu Bodhi, *In the Buddha's Words*, 90

g. Wright, Arthur F. *Buddhism in Chinese History*, 41

h. 赤松：《菩提達摩禪法》。

Ch'an Tsung Yulu I Pe Tse. Hong Kong: Shang Wu Yin Shu Kuan, 1997.

Red Pine, trans. and ed. *The Zen Teaching of Bodhidharma*. San Francisco: North Point Press, 1989.

Sen Rikyu. Translated by V. Dixon Morris. Honolulu: University of Hawai'i Press, 1998.

Takei, Jiro, and Marc P. Keane. *Sakuteiki: Visions of the Japanese Garden*. Tokyo: Tuttle Publishing, 2008.

Ury, Marian. *Poems of the Five Mountains*. Ann Arbor, MI: University of Michigan (Monograph Series in Japanese Studies), 1992.

Varley, Paul, and Kumakura Isao, eds. *Tea in Japan: Essays on the History of Chanoyu*. Honolulu: University of Hawai'i Press, 1994.

Waddell, Norman. *The Old Tea Seller*. Berkeley, CA: Counterpoint, 2008.

Watts, Alan W. *The Way of Zen*. New York: Pantheon Books, 1957.

Wilson, William Scott. *The Lone Samurai*. Boston: Shambhala Publications, 2013.

Wright, Arthur F. *Buddhism in Chinese History*. Stanford, CA: Stanford University Press, 1959.

Yagyu Munenori. *The Life-Giving Sword*. Translated by William Scott Wilson. Boston: Shambhala Publications, 2012.

Yamasaki, Taiko. *Shingon: Japanese Esoteric Buddhism*. Boston: Shambhala Publications, 1988.

Yifa. *The Origins of Buddhist Monastic Codes in China: An Annotated Translation and Study of the Chanyuan Qinggui*. Honolulu: Kuroda Institute / University of Hawai'i Press, 2002.

Yu-lan, Fung. *A History of Chinese Philosophy*, Vol. 1. Princeton, NJ: Princeton University Press, 1952.

英文及亞洲語文書目

Blyth, R. H. *Oriental Humor*. Tokyo: Hokuseido, 1959.

——. *Zen and Zen Classics*. Vols. 1, 2, and 4, *Mumonkan*. Tokyo: Hokuseido, 1966.

Jiang Lan-sheng, ed. *One Hundred Excerpts from Zen Buddhist Texts /*

Conze, Edward. *Buddhist Thought in India.* Ann Arbor: University of Michigan Press, 1967.

De Bary, Theodore, ed. *Sources of Japanese Tradition,* Vol. 1. New York: Columbia University Press, 1964.

Diener, Michael S., Franz-Karl Ehrhard, and Ingrid Fischer-Schreiber, eds. *The Shambhala Dictionary of Buddhism and Zen.* Boston: Shambhala Publications, 1991.

Dumoulin, Henrich. *Zen Buddhism: A History.* Vol. 2, *Japan.* Bloomington, IN.: World Wisdom, 2005.

Eliot, Sir Charles. *Japanese Buddhism.* London: Routledge & Kegan Paul, 1935.

Guthrie, Jill, et al., eds. *The Embodied Image.* Princeton, NJ: The Art Museum, Princeton University, 1999.

Hakeda, Yoshito S. *Kukai: Major Works.* New York: Columbia University Press, 1972.

Heiss, Mary Lou, and Robert J. Heiss. *The Story of Tea: A Cultural History and Drinking Guide.* Berkeley, CA: Ten Speed Press, 2007.

Hirota, Dennis, ed. *Wind in the Pines: Classic Writings of the Way of Tea as a Buddhist Path.* Fremont, CA: Asian Humanities Press, 1995.

Issai Chozanshi. *The Demon's Sermon on the Martial Arts.* Translated by William Scott Wilson. Boston: Shambhala Publications, 2012.

Lu Yu. *The Classic of Tea.* Translated and introduced by Francis Ross Carpenter. Hopewell, NJ: Ecco Press, 1974.

Mitchell, Donald W. *Buddhism: Introducing the Buddhist Experience.* New York: Oxford University Press, 2002.

Ni, Maoshing. *The Yellow Emperor's Classic of Medicine.* Boston: Shambhala Publications, 1995.

Pasqualini, Dominique, and Bruno Suet. *The Time of Tea.* Paris: Vilo International, 2000.

Sadler, A. L. *Cha-no-yu: The Japanese Tea Ceremony.* Boston: Tuttle Publishing, 1962.

Sen Soshitsu XV. *The Japanese Way of Tea: From Its Origins in China to*

Lu Yu. *Ch'a Ching*. Hangchow: Hangchow Tangyang Kulai Yinshua-chang, 1995.
Mizuno Yaoko, ed. *Shobogenzo*. 4 vols. Tokyo: Iwanami Bunko, 1990.
Morohashi Tetsuji. *Daikanwa jiten*. 16 vols. Tokyo: Daishukan Shoten, 1956.
Nagao Masando, ed. *Yuima-kyo*. Tokyo: Chuo Bunkyo, 1983.
Nakamura Hajime and Kino Kazuyoshi, eds. *Hannya shingyo / Kongo hannyakyo*. Tokyo: Iwanami Shoten, 1960.
Nishida Kitaro. *Zen no kenkyu*. Tokyo: Iwanami Shoten, 1950.
Nishimura Eshin, ed. *Mumonkan*. Tokyo: Iwanami Shoten, 1994.
Nunime Chofu and Nakamura Takashi, eds. *Chugoku no chasho*. Tokyo: Heibonsha, 1976.
Sasamori Junzo. *Itto-ryu gokui*. Tokyo: Reigaku-to, 1986.
Shibayama Zenkei, ed. *Zenrin Kushu*. Kyoto: Kichudo, 1985.
Shimada Kenji, ed. *Daigaku-chuyo*. Tokyo: Asahi Shimbunsha, 1967.
Shogaku Tosho, ed. *Koji kotowaza no jiten*. Tokyo: Shogakkan, 1986.
Takada Shinji and Goto Motomi, eds. *Ekkyo*. 2 vols. Tokyo: Iwanami Bunsho, 2004.
Tankosha Henshukyoku, ed. *Koe de yomeru chaya no zengo kuzushi jiten*. Tokyo: Tankosha, 2009.
Yamanoue Soji. *Yamanoue sojiki/Chawa shigetsushu*. Tokyo: Iwanami Shoten, 2008.
Yoshida Yutaka, ed. *Budo hidensho*. Tokyo: Tokuma Shoten, 1968.
Yoshino Tsugushio, ed. *Zencharoku*. Tokyo: Nihon Chadojuku, 2007.

英文書目

Arakawa, Yusuichi. *Zen Painting*. Tokyo: Kodansha International, 1970.
Bikkhu Bodhi, ed. *In the Buddha's Words: An Anthology of Discourses from the Pali Canon*. Boston: Wisdom Publications, 2005.

參考書目

亞洲語文書目

Asayama Ichigen. *Chaya no zengo kushu*. Tokyo: Tankosha, 2003.

Chang Wan-shou, ed. *Hsin I Lieh Tzu Tushu*. Taipei: Samin Shushu, 1994.

Chaseki no zengoshu. 4 vols. Goto Shokeido, n. d.

Eguchi Takao. *Taiyaku toshi sanbyakushu*. 2 vols. Tokyo: Bensei Shuppan, 2008.

Fukunaga Mitsuji and Kozen Hiroshi, eds. *Roshi-Soshi*. Tokyo: Chikuma Shobo, 2004.

Furuta Shokin. *Eisai: Kissa yojoki*. Tokyo: Kodansha Gakujutsu Bunko, 2000.

Haga Koshiro, ed. *Shinpan ichigyomono: Zengo no chagake*. 2 vols. Tokyo: Tankosha, 1996.

Hirata Seikoh. *Zengo jiten*. Tokyo: PHP, 1988.

Ikeda Yurika et al., eds. *Zen no hon: Mu to ku no kyochi ni asobu/satori no sekai*. Tokyo: Gakushu Kenkyusha, 1995.

Ikkai Motoyoshi, ed. *Toenmei*. Tokyo: Iwanami Shoten, 1958.

Imai Saburo, ed. *Saikontan*. Tokyo: Iwanami Shoten, 1982.

Iriya Yoshitaka et al., eds. *Hekiganroku*. 3 vols. Tokyo: Iwanami Shoten, 1992.

——, ed. *Kanzan*. Tokyo: Iwanami shoten, 1958.

Ishida Hidemi. *Kotei naikei somon*. Ichikawa-shi: Toyo Gakujutsu Shuppansha, 1991.

Kamiko Tadashi. *Busho no goroku*. Tokyo: Tokuma Shoten, 1977.

Kanaya Osamu, ed. *Rongo*. Tokyo: Iwanami Shoten, 1963.

Kumakura Isao, ed. *Namporoku wo yomu*. Kyoto: Tankosha, 1983.

茶禪一味

禪與飲茶的藝術，安然度日的哲學

The One Taste of Truth: Zen and the Art of Drinking Tea

作者	威廉・史考特・威爾森 William Scott Wilson
譯者	傅彥瑤
社長	陳蕙慧
總編輯	卜祇宇
行銷	陳雅雯、尹子麟、余一霞、黃毓純
封面設計	井十二設計研究室
排版	宸遠彩藝
印刷	通南彩色印刷股份有限公司

讀書共和國 出版集團社長	郭重興
發行人兼出版總監	曾大福
出版	開朗文化 / 遠足文化事業股份有限公司
發行	遠足文化事業股份有限公司
地址	231 新北市新店區民權路 108-2 號 9 樓
電話	(02) 2218-1417
傳真	(02) 2218-0727
客服專線	0800-221-029
信箱	service@bookrep.com.tw
法律顧問	華洋國際專利商標事務所 蘇文生律師
出版日期	2021 年 7 月初版一刷
定價	新台幣 380 元
ISBN	978-986-99734-7-2 (紙本) 9789860660708 (EPUB) 9789860660715 (PDF)

THE ONE TASTE OF TRUTH:
Zen and the Art of Drinking Tea by William Scott Wilson

Published by arrangement with Shambhala Publications, Inc. 4720 Walnut Street #106 Boulder, CO 80301, USA, www.shambhala.com
through Bardon-Chinese Media Agency

本書譯文由上海浦睿文化授權使用

國家圖書館出版品預行編目

茶禪一味 : 禪與飲茶的藝術，安然度日的哲學 / 威廉 . 史考特 . 威爾森 (William Scott Wilson) 著 ; 傅彥瑤譯 . -- 初版 . -- 新北市 : 開朗文化 , 遠足文化事業股份有限公司 , 2021.07
352 面 ; 14.8 X 21 公分
譯自 : The One Taste of Truth : Zen and the Art of Drinking Tea
ISBN 978-986-99734-7-2(平裝)

1. 禪宗　2. 茶藝　3. 佛教修持

226.65　110007581